無上菩提正行道

《大乘莊嚴經論》解說（下）

金剛上師
卓格多傑
著

恆時捨身命，離求愍他故，因施建菩提，智攝施無盡。
恆時守禁勤，離戒及善趣，因戒建菩提，智攝戒無盡。

彌勒菩薩◎造頌　世親菩薩◎釋論
大唐天竺三藏波羅頗蜜多羅◎譯

《大乘莊嚴經論》解說（下冊）
無上菩提正行道

Contents

Contents

下冊　目次

癸二 別說彼義

戊五 〈功德品〉

己一 修行之功德

庚一 希有

庚二 非希有

庚三 平等心

庚四 利他

辛一 以六波羅蜜多饒益眾生

辛二 以七喻宣說饒益之相

庚五 報佛恩

庚六 希求

庚七 依菩薩所教，福不唐捐

庚八 真實正行

庚九 損減與增長修行功德的分別

庚十 真假修行的分別

庚十一 調伏眾生令離六蔽

庚十二 得佛授記修行人的種類

庚十三 決定

庚十四 無疑應作之分類

庚十五 恆常修學

庚十六 最勝所修

庚十七 說法安立

《大乘莊嚴經論》第41講

　　今堂彌勒菩薩就開始宣說修持無上菩提法門的正行。所有修行基本是經由意志造作，動身發語的行為；這些行為過後，都會形成一體兩面的種子：異熟性的業種子，等流性的名言種子；並由修行人第八識攝持，千劫不壞，遇緣而起；而修行就是要積累福智善根種子，同時慢慢將有漏善業提升成純善的無漏善業，由這些強力的善業種子激發出積極莊嚴、大樂光明的名言種子，打造出理想修行的依報，例如投生居所，社會風氣，資具受用；令修行人在走上難行的菩薩道，荷擔眾生大苦時，具有較佳的條件，並因而保障修行人永不退轉之持續性。「難行業能行，應形無量劫，身口心自性，拔彼不退轉」。彌勒菩薩指出，要將業種子淨化，一定要依靠無分別智，當修行人起心動念和造作行為時，都以無分別智為指導，這時作者、業行

和所作三輪皆清淨。而藏於第八識的無量種子，在互相激盪下，有漏種子日漸勢弱，代之是無漏種子控制全局，這時業種子變得清淨純善，直至解脫。「作者業所作，三輪不分別；得度淨業海，功德無有邊」。總的來說，修行就是先遣除非福業，中則以無分別智提昇有漏福慧善業，後則盡焚有漏善業，獨留無漏福慧善業。而福慧善業則分別招感勝生安樂和定善解脫兩種福報，成就佛色身和法身。所以彌勒菩薩於〈業伴品〉後，續說能得福慧資糧的〈度攝品〉。

彌勒菩薩提到不貪著五欲境而普施所有，這是佈施；面對對境各種人事考驗均能守護正知而不散亂，這是持戒；雖受到眾生無理損害，但不會因此而捨棄愛護眾生，這就是安忍；使善根不斷增長，這就是精進；靜慮能淨治以我執為中心的煩惱障；般若能淨治以法執為中心，障礙我們體證真如的所知障。「不著及不亂，不捨亦增進，淨惑及智障，是道皆悉攝」。祂又勉勵大乘人這樣修行六度：「不染及極敬，不退有二種；亦二無分別，具攝大乘因」。因不貪取五欲樂，所以能佈施；因恭敬無上菩提而能護持極微細的戒律；對一切逆境損害與及難行的善行都能安忍；修靜慮而安住三摩地；再以般若無分別智體證真如，進入止觀雙運的平等境界。最後彌勒菩薩確立六度足

以統攝戒定慧三學：戒學包括了佈施、持戒和安忍；佈施因不貪，所以是戒學之因；嚴謹地透過身語意三門來守持別解脫戒、攝善法戒和饒益有情戒，是戒學之體；安忍而不捨眾生，故為戒學之用；靜慮是定學；般若是慧學；而無論三學中任何一種都需要精進。所以佛為宣說戒定慧三學而確立波羅蜜多有六種。「為攝三學故，說度有六種」。

丁二 真實隨菩提分品

第十六　業伴品

戊一 何者能攝具方便品：〈業伴品〉

前五品已說明何者是具證得無上菩提的相應法門的前行。首先發起廣大淨信——明信品，接著尋求佛所說法的文句和義理——述求品，求法後為人傳講——弘法品，剋就佛法的內容進行實修——隨修品，和緊貼佛的教授和隨示才能修行穩妥，地地勝進——教授品。

一　眾多信解及，求法及說法，
　　如是修及淨，教授隨示也。

第五義證得，是透過前行、正行和迴向，將菩薩如何體證無上菩提實踐出來。第五義前五品——第十一品至第十四品——是菩薩發起廣大淨信，尋求佛所說法的文義，求法後為人傳講，剋就佛法內容進行實修和緊貼佛的教授和隨示，令修行無障礙和地地勝進；這五種是證得無上菩提的相應法門的前行。

唐譯本無此頌，藏譯本則置於前品的總攝。

接著先說所攝之業和能攝的三種方便。

己一 方便所攝之業

二　譬如大地種，任持四種物。
　　如是三種業，建立一切善。

猶如大地成為樹木、眾生、山川的共同所依；修行人的身、語、意三業都是佈施等善行共同所依。

修行人所有經身語意三門造作的善業，都會熏成善業種子，遇緣現行。

己二 能攝三種方便

庚一 無厭

三　難行業能行，應形無量劫，
　　身口心自性，拔彼不退轉。

　　面對種種困難考驗，遇經千百劫，亦不能阻擋菩薩堅強的意志——身語意的自性。

　　後世唯識瑜伽士認為思心所在造作行為後，經審慮、決定和發動三個步驟，發起身業、語業，就會形成一體兩面性的種子，包括異熟的業種子和等流的名言種子。菩薩經過多年的修行，訓練成堅穩的利他意志，當遇上考驗時，這些利他意志形成的善種子便激發出積極莊嚴、大樂光明的名言種子起現行，剋服種種困難。這裡所說的方便所攝，指業力；能攝，指作業者——修行人。

庚二 斷除小乘作意

四　如人佈四害，深防為自身；
　　菩薩畏二乘，護業亦如是。

　　就好像人們會盡力避開毒藥、刀杖、雷電和怨敵四種侵損一樣；大乘菩薩會因恐懼拘泥於二乘自利想法，而嚴謹守護自己身語意三門，避免退墮。

　　四害，唐譯作毒物、兵杖、惡食和怨仇，但梵藏沒有惡食而改為雷電。世親菩薩說：「菩薩畏二乘護業亦如是者，毒等四害譬二乘人諸業方便；菩薩怖畏此故，深自防護起二乘心。何以故，由斷大乘種故，大乘善根未起令不起故，已起復令滅故，及與佛果作障礙故。」意思是說：小乘自利心能斷大乘種性如刀杖，令未發起的大乘善根不能發起如毒物，已發起的大乘善根復令息滅如雷電，障礙得佛果如怨敵。彌勒菩薩在此反復叮嚀大乘修行人不要陷入小乘自利心的陷阱，要時刻毋忘發菩提心。

庚三　無分別智慧

五　作者業所作，三輪不分別；
　　得度淨業海，功德無有邊。

由於修行人起心動念和造作行為時，都以無分別智——般若為指導，所有作者、業和所作三輪皆清淨；由此所造的業變得清淨，能超越業海而到達彼岸，功德亦沒有邊際。

世親菩薩云：「何謂三輪？一者作者，二者業，三者所作，是謂三輪。不分別者，此三不可得故。由此故三輪得清淨。」三輪，指能作行為者、所作的行為與及由行為所激發的業種子。由於修行人理解無體空、似體空和自性空的意義，從而以「無所得」的般若智把觸對境，隨順二無我真如理而修行，淨化內心二障習氣，到達彼岸。

總的來說，修行就是先遣除非福業，中則以無分別智提昇有漏福慧善業，後則盡焚有漏福慧善業，獨留無漏福慧善業。而福慧善業則分別招感勝生安樂和定善解脫兩種福報（註釋219），成就佛色身和法身二妙善（註釋220）。大乘人修六度是獲得福慧善業的根源，所以彌勒菩薩於〈業伴品〉後，續說〈度攝品〉。

第十七　度攝品

戊二 以此方便所攝六波羅蜜多及四攝品：〈度攝品〉

己一 能使自己圓滿如來諸功德的六度

庚一 總標略說

一 數、相、次第、名，修習、差別、攝、
治障、德、互顯；度十義應知。

我們可從數目、體相、次第、名相解釋、修行狀況、
內容、總攝、障礙、功德和六度之間的關係這十方面來理
解六度。

庚二 廣說彼義

辛一 宣說數目

彌勒菩薩從修行人以自利、自利利他和利他即自利這
三點來確立六度數目。

二 資生身眷屬，發起初四成；
第五惑不染，第六業不倒。

六度對修行人自利來說，修前四種是增進福德；例如佈施令受用圓滿，持戒得天人根身圓滿，安忍令眷屬圓滿，精進圓滿發起一切善業。後二種是透過離垢染、不顛倒來強化智慧，例如靜慮令心恆常離開煩惱，般若令造作三業時心不顛倒。

世親菩薩說：「此偈顯示為攝自利三事故，立波羅蜜數唯有六。一者增進，二者不染，三者不倒。彼初四波羅蜜，如其次第能令四事增進；一資生成就，由佈施故；二自身成就，由持戒故；三眷屬成就，由於忍辱，行忍辱者多人愛故；四發起成就，由於精進，一切事業因此成故。」佈施能令來世資用不匱，持戒能招感人天根身，忍辱能令家人、朋友和社會歡喜共處，精進能成功地斷惡修善。「第五禪波羅蜜，能令煩惱不染，折伏煩惱由力故。第六般若波羅蜜，令業不顛倒，一切所作如實知故」。禪定入三摩地時有融習功德，能於一一剎那消融一切煩惱習氣（註釋221）。般若智能觀境空、識空；令心不等，冥契法界。

三　施彼及不惱，忍惱是利他；

　　有因及心住，解脫是自利。

六度就修行人自他二利來說：佈施饒益他人，持戒不損害他命，忍辱別人損害自己亦不作報復；這三者是利他。由於精進所以心能穩定，心穩定後能修勝觀而得解脫；這三者是自利。

四　不乏亦不惱，忍惱及不退，
　　歸向與喜悅，利他即自成。

六度就利他即是自利來說：佈施令一切受用不缺，持戒不損害一切有情，忍辱對損害自己的有情不生瞋心，精進對利他不生疲厭，修靜慮引發神通，令一切有情生信而歸向；因善說佛法而令有情心開意解。如此修持利他即是成辦自利。

接著彌勒菩薩從修無上法門來確立六度數目。

五　不染及極敬，不退有二種；
　　亦二無分別，具攝大乘因。

作為追求無上菩提的修行：因不貪取五欲樂所以能佈施；因恭敬心而能護持極細微的戒律；對一切逆境損害，和一切難行的善行亦不生疲厭；修靜慮而安住三摩地，再

以般若智無分別地體證真實，進入止觀雙運的平等境界。

彌勒菩薩再從大乘修行方法確立六度數目。

六　不著及不亂，不捨亦增進，
　　淨惑及智障，是道皆悉攝。

不貪著五欲境而普施所有，這是佈施；面對對境各種
考驗均能守護正知而不散亂，這是持戒。雖受到眾生無理
傷害但不會因此而捨棄愛護眾生，這是安忍；使善根不斷
增長，這是精進；靜慮能淨治煩惱障；般若能淨治所知
障。

世親菩薩說：「禪波羅蜜於煩惱障令清淨為道，般若
波羅蜜於智慧障令清淨為道。」煩惱障是指以我執為中心
的煩惱群，所知障是指以法執為中心的煩惱群；而所知障
主要是指障礙我們體證真如的煩惱障礙。

接著，彌勒菩薩再從戒定慧三學來確立六度數目。

七　為攝三學故，說度有六種；
　　初三二初一，後二二一三。

佛為了宣說戒定慧三學而確立波羅蜜多有六種：戒學包括了佈施、持戒和安忍這三種波羅蜜多；後二種靜慮波羅蜜多和般若波羅蜜多分別是定學和慧學；而剩下一種精進波羅蜜多則可歸屬於三學之中。

　　唐譯「初三二初一，後二二一三」，應潤飾為「以初三後二，二學一連三」。「初三」，指佈施、持戒和安忍，三者同屬戒學。佈施因不貪，所以是戒學之因，嚴謹地護正知守持別解脫戒、攝善法戒和饒益有情戒是戒學之體；安忍而不捨眾生為戒學之用。「後二」，指靜慮和般若；「二學」，指靜慮和般若，前者是定學，般若是慧學。「一連三」，指剩下的精進，此一可歸屬三學之中，因為無論是戒、定或慧，三者都需要精進。

註釋

219. 如聖天菩薩《菩薩瑜伽行四百論・頌二九八》云：「佛陀所說法，略言唯二種：不害生人天，觀空證涅槃。」

220. 如龍樹菩薩《六十正理論・迴向文》云：「以此之善根，迴向諸眾生，集福智資糧，願得福智身。」

221. 見前〈教授品・頌二十〉及頌釋。

應用思考問題

1.　《大乘莊嚴經論》主要分上下兩部，上半部包括前十品由〈緣起品〉至〈菩提品〉，內容是菩薩修行藍圖，而下半部包括由〈明信品〉至〈敬佛品〉後十四品，內容是透過修行前行、正行和迴向，將菩薩各修行階段實踐出來。以傳統五義劃分，前者包括信向、受教、思維和修習，後者是證得。如以菩提心分類，前者是願菩提心，後者是行菩提心。試將本論二十四品的品名及大要，依前述分類列表說明。

2.　試將菩薩修習無上菩提前行，所謂明信、述求、弘法、隨修和教授這五品內容及關係闡述。

3.　所有經身語意的行為，包括修行，必定會熏習成種子，並由修行人各自的阿賴耶識攝持；而種子一體二面：異熟的業種子和等流的名言種子；如依佛正法修行，必為善業種子；而名言種子多為積極莊嚴和大樂光明。故此，如修行依佛所說正法，未來世必漸入佳境。試依〈業伴品・頌一〉說明。

4.　身語意的自性就是心理上意志的作用，唯識宗稱之為思心所；當思心所經過審慮思、決定思和發動思三個步驟，起身動語一方面必定形成業種子異熟受報，而另一方面亦形成等流的名言種子，造就種種形相性格。菩薩經千百劫行持善業，其所積累的善種子，無論在質量上漸趨純善，而

且在數量上亦能壓伏非福業。所以今世積極行善,下一世已穩定地不會退轉。試依頌三說明。

5. 勝解行地的大乘修行人最忌是退轉小乘,所以時刻要視二乘自利思想有四害,試依〈業伴品・頌四〉說明。

6. 修行要冥契真如,必須以無分別智慧為指導,令三輪也無分別。試依頌五解釋三輪,及依世親菩薩解釋如何令三輪得清淨。

7. 試依〈度攝品・頌二〉從修行人自利層面,說明修六度功德作用。

8. 試依〈度攝品・頌三〉所說的自他二利層面,說明修六度功德。

9. 試依〈度攝品・頌四〉,說明為何修六度利他就能成辦自利。

10. 如何依修持六度而得入無上菩提法門?試依〈度攝品・頌五和六〉說明。

11. 修六度即等於全面修持戒定慧三學,試依頌七說明,並詳述頌中「初三二初一,後二二一二」的意思。

《大乘莊嚴經論》第42講

　　上堂提到實踐無上菩提法門的正行，彌勒菩薩孜孜不倦地提醒修行人要嚴謹守護身、語、意三門，不要再造作非福業，「縱經百千劫，所作業不忘，因緣會聚時，果報還自受」。因為經由思心所發起的審慮思、決定思和發動思三個步驟，經三門起身、發語、造作行為所種下的業因，無論經歷多長時間，也一定受報。修行的重點就是要學懂怎樣將往昔曾造的非福業永遠凍結，讓它沒有力量起現行。此外更要透過釋尊的教授隨示，勤修九住心，當獲得三摩地能力，就像大地能持萬物般；修行一切功德便以此為發力點，日日增長。還有，三摩地因擁有「念念融諸習，身猗及心猗，圓明與見相，滿淨諸法身」——即使諸佛也稱讚的五種功德——所有煩惱習氣能於剎那間消融，得身輕安及心輕安，了悟一切法空和出生無分別智，以之

成就法身。以此雙管齊下的方法，菩薩一則有效地透過身、語、意恆時斷惡修善，第八識所攝持的善種子和大樂光明的名言種子，勢力日增，而非福種子和衰苦的名言種子亦勢力日弱；此消彼長，修行人第八識內善種子便全部取代非福業。「譬如大地種，任持四種物；如是三種業，建立一切善」。再者，三摩地提昇了無分別智的能力，透過三輪體空，將有漏的善業種子，從品質上提昇成純善的無漏種子。當修行人第八識內無漏種子日益強盛至足以銷毀一切有漏種子時，無漏庵摩羅識取代有漏阿賴耶識；攝持一切無漏種子，成就佛果。就好像一座沒有囚犯的監獄用來改建成豪宅一樣，有漏生命轉成無漏生命。「作者業所作，三輪不分別，德度淨業海，功德無有邊」。此中，就大乘修行而言，所謂善種子是指修持六度時激發出異熟性的福慧種子，有漏的善種子是品質下劣的福慧種子，例如未通達人無我、法無我前，仍有人我分別的下等福慧種子。而等流性的福慧種子，就是指招感粗重的欲界依報的名言種子；隨著修持六度的功力愈趨成熟，這些下劣的名言種子就日漸凍結，甚至永遠不起現行，取而代之的是大樂光明的色界，甚至是清淨的無色界名言種子。

　　接著彌勒菩薩再詳細剖析大乘人積聚福智資糧種子的具體方法──如何行持六種波羅蜜多。所以彌勒菩薩於

〈業伴品〉後，續説能得福慧資糧，能提昇有漏善業種子
成爲純善無漏種子的〈度攝品〉；祂提到六度是全面、沒
有偏頗的修行方法；適合所有的大乘修行人，例如六度足
以總攝戒定慧三學：戒學包括了佈施、持戒和安忍。佈施
因不貪，所以是戒學之因；嚴謹地透過身語意三門來守持
別解脱戒、攝善法戒和饒益有情戒，是戒學之體；安忍而
不捨眾生，故爲戒學之用。靜慮能令心安住三摩地，淨治
以我執爲中心的煩惱障，消融内心煩惱習氣，這是定學。
般若能以無分別智淨治以法執爲中心，障礙我們體證眞如
的所知障，這是慧學。「爲攝三學故，説度有六種」。彌
勒菩薩又提到六度的體相有四個共通點：第一是對治障
礙；例如佈施對治慳貪，持戒對治毀犯，安忍對治瞋恚，
精進對治懈怠，靜慮對治散亂，般若對治愚癡。第二，六
度都是伴隨著無分別智而起，所以眞正行持六度必須三輪
體空。第三，圓滿眾生訴求；例如佈施令眾生滿足受用不
匱的願求；持戒令眾生圓滿不受傷害的願望；安忍令眾生
離開因曾損惱別人而遭受報復的怖畏；精進令有情圓滿獲
得別人幫助的願望；靜慮令有情能圓滿獲得神通加持的願
望；般若透過爲有情斷疑而圓滿他們的求知訴求。以六度
攝受有情後，再隨其根性以三乘教法成熟之。「分別六度
體，一一有四相；治障及合智，滿願亦成生」。六度雖爲
一個全面整體的修行法門，但仍可依其前因後果、功德大

小及深淺程度而定出修持六度的先後次序，例如前度依於後度，後度比前度漸更優勝，前度粗相易知，後度微細難明。「前後及下上，粗細次第起；如是說六度，不亂有三因」。據云，佛安立六度修行前後次序，就是依這三個原則。

最後彌勒菩薩以自性、因、果、業、相應和分類六門，個別詳析六度。佈施具六義：以己物施給受者是佈施的自性；以無貪等三善根和思心所俱生是佈施的因；獲得受用不匱和善趣七德是佈施的果；能生起圓滿攝受自他和無上菩提是佈施的作用；內心兼具不慳貪是與佈施相應；佈施可分爲法施、財施和無畏施三種。「施彼及共思，二成亦二攝，具住不慳故，法財無畏三」。持戒的自性有六種元素；以出離輪迴三界而持戒爲因；以投生人天善趣爲果；以能持功德，能息煩惱和不起怖畏爲作用；具足福德聚是持戒相應；戒有世俗得和法性得兩種。「六支滅有邊，善道及持等，福聚具足故，二得爲二種」。

辛二 六波羅蜜多的體相

「分別六度體，一一有四相：治障及合智，滿願亦成生。」唐譯本以一頌總述六度四種共通的相狀：第一是對

治障礙，第二是伴隨著無分別智而起，第三是圓滿眾生訴求，第四是先以六度攝受眾生，再以三乘教法隨順各人根基而成熟之。而梵文本則分成六頌分別說明六度體相，今增補六首頌文，俾使符合原典體例。（註釋222）

八　壞施之障分，具無分別智，
　　令諸願圓滿，成熟有情三。

　　佈施能對治慳貪所造成的障礙，伴隨著無分別智而起，令眾生滿足受用不匱的願求，以佈施攝受有情後，再隨其根性以三乘教法成熟之。

九　壞戒之障分，具無分別智，
　　令諸願圓滿，成熟有情三。

　　持戒能對治毀犯所造成的障礙，伴隨著無分別智而起，令有情圓滿不受傷害的願望；以持戒攝受有情後，再隨其根性以三乘教法成熟之。

十　壞忍之障分，具無分別智，
　　令諸願圓滿，成熟有情三。

安忍對治瞋恚所造成的障礙，伴隨著無分別智而起，令有情圓滿曾因損害別人而不還報的願望；以安忍攝受有情後，再隨其根性以三乘教法成熟之。

十一　壞精進障分，具無分別智，
　　　　　令諸願圓滿，成熟有情三。

精進能對治懈怠所造成的障礙，伴隨著無分別智而起，令有情圓滿獲得別人幫助的願望；以精進攝受有情後，再隨其根性以三乘教法成熟之。

十二　壞定之障分，具無分別智，
　　　　　令諸願圓滿，成熟有情三。

靜慮能對治散亂所造成的障礙，伴隨著無分別智而起，令有情能圓滿獲得神通加持的願望；以靜慮攝受有情後，再隨其根性以三乘教法成熟之。

十三　壞慧之障分，具無分別智，
　　　　　令諸願圓滿，成熟有情三。

智慧能對治愚癡所造成的障礙，伴隨著無分別智而

起，透過為有情斷疑而圓滿他們的願望；以智慧攝受有情後，再隨其根性以三乘教法成熟之。

辛三　六波羅蜜多的次第

十四　前後及下上，粗細次第起；
　　　如是說六度，不亂有三因。

　　佛安立六度修行前後次序依三個原則：前度修得好，方能修好後度；後度比前度漸更優勝；前度粗相易知，後度微細難明。

　　世親菩薩說：「六波羅蜜次第有三因緣，一前後，二上下，三粗細。」第一，前度依於後度者；例如由於貪著受用的佈施故不能守持戒律（註釋223），能禁惡行者才能忍受謾罵，能忍怨害逆境者始能精進，能精勤斷惡修善者才能令心安住靜慮，能住三摩地者始能獲得通達聖諦的無分別智。

　　第二，後度增上而前度下劣者，原因在於前度易修，後度難修；前度所斷都是粗重煩惱，後度所斷都是微細煩惱。例如世間雖有不貪取財物而佈施者，但能嚴禁身語意

三門惡行者更是稀有難得。雖能嚴禁自己三門惡行，但能忍他人以身語意損害自己的則屬稀有。雖能安忍一時，但比起能恆常勇於斷惡修善，精進更是難能可貴。雖具精進，但能以三摩地調柔內心，是則更顯彌珍。精神雖可通達八種根本定，但能證悟真如者更稀有如晨星。

第三，前一度粗相易知，後一度微細難明。世親菩薩說：「粗者施，細者戒；乃至粗者定，細者智。何故粗易入？易作故。何故細難入？難作故。」例如舉國人中均知佈施，但比較起能潔身自愛，守護三門持戒的功德者難入，乃至能通達真如，隨順真如的智慧功德；則如晨星般稀少而難知難見。

辛四 六度各別定義

十五　除貧亦令涼，破瞋與建善；
　　　心持及真解，是說六行義。

能除貧窮故名佈施；能得清涼故名持戒；能破瞋恚故名安忍；能成就善法故名精進；能令心安住，不外散亂，故名靜慮；能從世間法抉擇出出世間法，故名智慧。

辛五 六度如何修習

十六　物與思及心，方便並勢力；
**　　　當知修六行，說有五依止。**

六度可依事而修，依作意而修，依意樂而修，依方便而修和依自在而修。

頌文中的物，指事；思，指作意；心，指意樂；勢力，指自在。米滂仁波切在《勝乘甘露喜筵》以佈施為例，詳細闡述六度修行次第如下。

一、依止事而修，可分四方面：
1. 依止因：因，指大乘種性。由於具有大乘種性，修行人無論投生何處，不待別人勸導，自己也喜歡行持佈施。
2. 依止報：報，指異熟果，例如人身。由於往昔串習修佈施、持戒等，招感今生人天樂果。
3. 依止願：無論生於何處，都如此發願：「願我無論投生何處，都不貪執身體受用而行佈施」。
4. 依抉擇力：以智慧抉擇出身體、受用都不堅固、不實在；以隨順二無我理而佈施。

二、依止作意而修；作意，指起心動念。

1. 信解作意：對宣說六度的大乘相應教法經論生起信心。

2. 回味作意：當回想起往昔行持六度時所生功德而心生歡喜。「往昔我所作佈施等功德誠爲善妙」。

3. 隨喜作意：欣樂自己和其他行持佈施六度者的善行。

4. 希望作意：希望自他於未來際均能如是行持佈施六度。

三、依止意樂而修：意樂，指想法或態度；明友譯師將意樂譯爲心；可分六點：

1. 無厭意樂：例如菩薩絕不會有「我對彼等已佈施如此之多，今已足矣」；「我已施身無數，今已足矣」；「如此多劫之中，我均佈施如是內外物，今已足矣」；相反要有「令諸有情一無餘，悉皆安立解脫地」的積極態度。

2. 廣大意樂：修行人由發菩提心至成佛期間，每一刹那對要修持六度的想法，都不會斷滅或減損。

3. 勝喜意樂：例如佈施時會覺得「施比受更快樂、更幸福」。

4. 勝利意樂：例如行施時，要感恩接受自己佈施的人，並生起「彼等實爲我得無上菩提之助伴」的想

法。

5. 不染意樂：菩薩廣行佈施，不求報恩以及由佈施所招感受用不匱之果報。

6. 善淨意樂：菩薩如是行持佈施六度所生福聚善根，悉皆迴向自他得成無上菩提果位。

四、依止方便而修：

世親菩薩說：「方便依止修諸波羅蜜有三種；三種者即是三輪清淨。此清淨由無分別智為方便故。以此方便一切作意悉得成就。」意思是：行持任何波羅蜜多時，雖然都從三輪能作、所作、作事三個角度分別宣說，但實際上，如果以無分別智攝持，就能將作意心所的作用徹底發揮，達到心境相融，成就一切作意。

五、依止自在而修：

這是高階菩薩──例如三淨地菩薩得神通自在時，能無勤任運行持六度，上求佛地，下化眾生。依三淨地菩薩自在神通，可分為三種自在：

1. 身自在：為得佛的法身和報身。

2. 受用自在：為得化身。

3. 語法自在：為無礙說一切波羅蜜多。

辛六 六波羅蜜多之差別

世親菩薩說：「六波羅蜜差別各有六義：一者自性，二者因，三者果，四者業，五者相應，六者品類。」接著，彌勒菩薩就六度的自性、因、果、作用、包涵和分類作出細緻分析。

十七－十八　施彼及共思，二成亦二攝，
　　　　　　具住不慳故，法財無畏三。

智者應修持佈施度；佈施度具有六義：以己物施給受者是佈施的自性；以無貪心所與思心所俱生是佈施度的因；獲得身成就和受用成就是佈施的果；能生起圓滿攝受自他和無上菩提是佈施的作用；行佈施能與內心不慳貪相應；佈施可分為法施、財施和無畏施。

世親菩薩說：「共思者是施因，由無貪善根與思俱生故。」意思是：造作佈施必須有「無貪」和「思」兩種心理現象出現，尤其是「思」，必須經審慮思、決定思和發動思這三個層次，才算完成佈施的行為。「二成者是思果，由財成就及身成就故。言身成就者，具攝命等五事。如《五事經》中說：『施食得五事，一者得命，二者得色，三者得力，四者得樂，五者得辨』。」所謂財成就，是指得到圓滿受用資財；身成就，指佈施者招感來世長

壽，形貌端正，做事能幹，積極樂觀等善趣功德。（註釋
224）「具住不慳故者，是施相應，由具足住不慳入心中
故」。佈施主要是對治慳吝。所謂不慳吝，是具足對治慳
吝的能力。修行人有不慳吝的能力，才可佈施。而相應必
須時同、所依同、所緣同和自體各一。

十九、二十　六支滅有邊，善道及持等，
　　　　　　福聚具足故，二得為二種。

　　智者應修持持戒度；戒的自性有六種元素：以出離三
界而持戒為因；以投生人天善趣為果；以能持功德、能息
煩惱和不起佈畏為作用；具足福德聚是戒相應；戒有世俗
得和法性得二種。

　　世親菩薩說：「六支者是戒自性，由住具戒乃至受學
諸學足故。」戒的自性有六種元素：一、具足清淨戒；
二、儀軌圓滿，例如修行時合乎聖者的要求，沒有指出
不妥善的地方；三、行境圓滿，不踏足殺生處、妓院、酒
肆、王宮和屠戶；四、按照出離心而嚴持別解脫戒；五、
於微細罪亦不染；六、圓滿修得一切學處。世親菩薩說：
「滅有邊者是戒因，滅是涅槃，為求涅槃度諸有邊行戒
故。」有邊，指輪迴界。意思是：以出離心修行，出離三

界，進入涅槃。「善道者是戒果，善道及不悔等次第五心住，因戒得故」。由持戒而能得人天樂果及能令心住一境之初禪五支（註釋225）。「持等者是戒業，戒有三能：一者能持，由能任持一切功德如大地故；二者能靜，由能止息一切煩惱火熱故；三者無畏，由能不起一切怖憎等諸罪緣起，豈畏起諸罪故」。持戒的作用是能持一切修行功德、能息煩惱及不起怖畏。由於持戒，三門恆修善業，故與福德資糧相應。「二得謂受得和法得；受得者，攝波羅提木叉護；法得者，攝禪護及無漏護故」。受得戒，例如於世俗道場中受別解脫戒，修行人得到戒體。法得戒有二種，一是禪定戒，得四禪八定時，於定中能壓伏煩惱種子；二是無漏戒，於見道時，無漏種子起現行而斷煩惱種子。

註釋

222. 依《大乘經莊嚴論寶鬘疏》頁四一七。

223. 根據月稱菩薩在《菩薩瑜伽行四百論論釋・頌一一○》提及，一般大乘傳法引導弟子修行次第，是先教弟子佈施，觀察他是否具有無貪取心的高尚人格，才深入教靜慮般若法門。「首先於聽者，説佈施語等，了知法器後，再宣甚深法」。

224. 誠如龍樹菩薩在《寶行王正論・出家正行品・頌八十五》提到善趣七德：美妙膚色、形態端正、相貌端莊、人見人愛、沒有病痛、力大能幹和長壽。

225. 支，指成份；初禪五支，指尋、伺、喜、樂和心境一趣等五種成份。

應用思考問題

1. 依頌八至頌十三，將六度對治障礙、伴隨無分別智而起、圓滿修行人訴求和隨類以三乘教法，列表說明。

2. 佛說六度排列先後依次序分別是佈施、持戒、安忍、精進、禪定和般若，其中大有玄機，試依頌十四說明。

3. 試依頌十五說明六度的定義。

4. 米滂仁波切在《勝乘甘露喜筵》中以佈施為例，詳述如何以事、作意、意樂、方便和自在來修行六度。試依頌十六說明。

5. 何謂相應？相應必須符合時同、所依同、所緣同和自體各一這四種條件。試依佈施以於心不慳吝相應；持戒以三門恆修善業，與福德資糧相應為例說明。

6. 修佈施得財成就和身成就，試述之。

7. 試詳釋世親菩薩言：「共思者是思因，由無貪善根與思俱生故」這句說話。

8. 持戒有六種元素，試分別說明。

9. 持戒的作用有所謂「三能」，試分別說明。

10. 持戒有二種：世俗得及法性得；前者以受戒時得戒體分，後者以斷伏煩惱分。試分別說明。

《大乘莊嚴經論》第43講

　　上堂說明六度梵文原意是：佈施是令捨離貧窮之義；持戒是取得清涼之義；安忍是滅盡內心瞋恚的煩惱和習氣；精進是行持世、出世間的善法；靜慮是向內攝持內心所緣，達到不外散亂；智慧是了知勝義的境界。此外，彌勒菩薩從自體、因、果、作用、相應和分類六方面來分析六度的差別；其中我們應留意差別和分類不同之處；前者是種，例如人；後者是類，例如黃種人。古書用「差別」，有「不同」的意思，不能以現今「分類」來取代。簡略來說：佈施的自性是將己物施給受者；自他二利是作用，自利——例如未來受用不匱，利他——例如饒益別人；種類則有財施、法施和無畏施。持戒的自性有六部份：真誠守戒、受戒儀式完整、遠離五種非法場所、嚴禁犯別解脫戒、不染微細過失、圓滿修學所有戒條；持戒的

作用是能持一切修行功德，能止息一切煩惱，能無悔、無怖畏；持戒有受得和法得兩種。安忍的自性有三部份：不報復、承受逆境中的苦楚、並且堪能印持空性；自他二利是安忍的作用，例如自己除了不作瞋恚惡業，他人亦因知你不報復而安心；安忍有耐怨害忍、安受苦忍和諦察法忍三種。精進的自性是勇於斷惡行善，遠離邪道；能對治一切雜染是精進的作用；精進有七種：學戒精進、學定精進、學慧精進、身精進、心精進、恒常精進和恭敬精進。靜慮的自性是向內攝持內心所緣，外不散亂；得五神通和三住是靜慮的作用；靜慮的種類就對治尋伺來說，可分成有尋有伺的欲界定和初禪；無尋唯伺的未至定和二禪近分；無尋無伺的二禪至非想非非想處。就所獲喜樂功德來分，有二禪以下的具喜樂受、只具樂受的三禪，以及四禪以上的具捨受。智慧的自性是遠離邪業和從世間法中抉擇出出世間法；就好像《入中論‧現前地》所說：「癡障性故名世俗，假法由彼現爲諦」，「若許世間是正量，世見眞實聖何爲？所修聖道復何用？愚人爲量亦非理」；認清世間法的障蔽和局限；長養慧命和演說正法是智慧的作用；智慧的三種種類分別是世第一法以下的世間有漏智慧、見道位聖人的下品出世間無漏智慧和修道位的上品出世間無漏智慧。

接著，彌勒菩薩分析修持六度時會遇上甚麼的障礙，提醒修行人如何分辨真誠和虛假行持六度的分別及其對治方法，更指出修持六度時，各有七種因修行人執著而生起的障礙；世親菩薩以佈施度為例，具體列出這七種執著：「彼檀著有七種：一資財著、二慢緩著、三偏執著、四報恩著、五果報著、六障礙著、七散亂著。」意思是：修持佈施時，要遠離七種執著，因這七種執著會障礙修行人圓滿佈施度。第一資財著，指修行人執著資財，不願施捨；第二慢緩著，對求施不即時給施，故意拖延；第三偏執著，佈施時心存偏頗，有失公允；第四報恩著，佈施為求回報，猶如商賈貿易，視佈施為一種交易投資；第五果報著，佈施為求未來世招感受用不匱的異熟果；第六障礙著，佈施仍帶有少許慳吝習氣；第七散亂著，修行人在佈施時，因下劣作意和執著三輪而出現散亂。最後修行人應舉一反三：知修持餘下五度時，亦應遠離七種執著，修行才算圓滿。「應知餘五度，障治七皆然」。

二十－二十二　　不報耐智性，大悲及法依，
　　　　　　　　　　五德並二利，具勝彼三種。

　　智者應修持安忍度：對應三種安忍，不報復是耐怨害忍的自性，忍耐在逆境中的苦楚是安受苦忍的自性，印持

空性的智慧是諦察法忍的自性。大悲平等心是能安忍的主因，持戒與多聞教法是助緣。極少招人怨恨、善友之間不會被人離間、現世身心喜樂、臨終能安然而逝、死後往生善趣是安忍的五種果報；自他二利是安忍的作用；堅持到底，完成任務，是安忍相應。安忍有耐怨害忍、安受苦忍和諦察法忍三種。

世親菩薩引經說明安忍有自利利他的作用：「如經偈說：『作彼二義，自利利他；若知他瞋，於彼自息。』」當有人害自己時，心知這人惟內心受到瞋恚所控制，加上自己的惡業又成熟，此時才會出現被人損害的遭遇，故而甘願受苦，不會報復，除了不再造作瞋恚惡業外，對方亦因為知道你不報復而感到安心。「具勝者，是忍相應，忍難行故名最勝」。堅穩地排除萬難，最後得到勝利回報。

二十三、二十四　於善於正勇，有信有欲故，
　　　　　　　　　念增及對治，具德彼七種。

智者應修持精進度：精進的自性是勇於斷惡行善，遠離邪道；對善法生起信心、意欲行善是精進的因；精進能令正念不斷增長，及引發靜慮如三摩地功德；精進能對治一切雜染；由於精進與無貪、無瞋和無癡三善根相應，故

能修一切善行。精進有七種：學戒精進、學定精進、學慧精進、身精進、心精進、恒常精進和恭敬精進。

世親菩薩說：「於善於正勇者，是精進自性；遮餘業中勇猛故言善，除外道解脫中勇猛故言正。」只孜孜不倦於修善業而非作惡業，只樂意於奉行佛法而非修持邪命外道教法；前者稱善，後者稱正。符合這二種條件，才可稱為精進。

二十五、二十六　心住及念進，樂生亦通住，
　　　　　　　　　諸法之上首，彼種三復三。

智者應修持靜慮度：能攝心內住是靜慮的自性；恆時依精進而修習，並依正念而不忘失所緣境是生起靜慮的原因；能脫離痛苦的欲界而生在身心喜樂的色界是靜慮的結果；獲得五神通和三住是靜慮的作用；靜慮具足一切修行功德的基礎——三摩地；若以尋伺來分，靜慮分成有尋有伺、無尋有伺和無尋無伺；若以喜樂來分，則二禪以下具喜樂受，三禪具樂受，四禪以上具捨受。

尋和伺都是意識在所行境界下所產生推度和探求的心理作用，前者較粗淺，後者較深細。將精神維持在意言境

階段。兩者作用時，若想得通透，則引致身心安住；若想不通，則引致身心不安住。彌勒菩薩在《瑜伽師地論》中稱欲界定和初禪為有尋有伺地，稱未至定（初禪近分）和二禪近分為無尋唯伺地，由二禪開始至無色定的非想非非想處，都是純粹經驗，沒有意言境的無尋無伺地。

靜慮除了具有引發五神通的作用外，還能引發三住；住，是指精神所處狀態。世親菩薩說：「住謂三住，聖住天住梵住。」意思是說：由於修行靜慮，就能自在地將精神集中於五神通和三住的狀態，而天住即四禪和四無色定，梵住即四無量心，聖住即空、無相和無願三解脫門。

二十七、二十八　正擇與定持，善脫及命說，
　　　　　　　　諸法之上首，彼亦有三種。

智者應修習智慧度：能夠遠離邪業和從世間法中抉擇出出世間法，這是智慧度的自性。能得三摩地如實通達諸法，這是智慧度的因。修持智慧度得善解脫果，包括以有漏智暫時壓止煩惱起現行；以二乘無漏智斷除煩惱障種子，以大乘無漏智斷除二障種子。由於大乘人的生命就是成就無上菩提；所以智慧的作用是長養慧命和演說正法。智慧度具足一切佛法的殊勝教授，如經云：「般若者，一

切法中上故。」智慧度分世第一法以下的世間有漏智慧、見道二乘聖人的下品出世間無漏智慧，和見道後十地菩薩的上品出世間無漏智慧。

世親菩薩解釋智慧的成因說：「定持者，是慧因；法定持慧如實解法故。」持，指等持三摩地，修行人必須得三摩地才能有足夠的定力從世間法中抉擇出出世間法，明白到諸法真實義。世親菩薩解釋智慧的結果說：「善脫者是慧果，謂於染污得善解脫。何以故?由世間、出世間、大出世間正擇故。」意思是指世第一法以下的修行人，以有漏智──例如尋思智、如實智暫時壓伏如灰塵般現起的煩惱；二乘聖人以二乘無漏智斷煩惱障種子，大乘菩薩就以大乘無漏智斷除二障種子。世親菩薩解釋智慧的相應說：「諸法之上首者是慧相應；如經中說：般若者一切法中上故。」法，此處指教法，般若是諸佛所共說的法門，所以是諸佛最殊勝的教授（註釋226）。

已說六波羅蜜差別，次說六波羅蜜攝行。

辛七 六波羅蜜能攝一切善法

二十九　一切白淨法，應知亂定俱，

六度總三雙，是類皆悉攝。

一切善法均可攝入六波羅蜜多中。因為兩者（散亂和專注）都分成散亂位、定位和定不定俱位；而每一位都包含六度，例如佈施和持戒可以攝入散亂位，靜慮和智慧可攝入定位，安忍和精進可攝入定不定位。

一切無上菩提法門的修行都可依修行人修法時，當時處於散亂狀態抑或專注狀態而分成散亂位、定位和定不定俱位。由於在六度修行中，佈施和持戒比較著相，容易散亂，所以列入散亂位；而安忍和精進雖則大多數會有形相地修行，但有時也可以無相地修，所以列入定不定位，例如忍辱仙人遭羯利王斷支節肉，這就是修無相安忍（註釋227）。修靜慮和智慧最基本的要求是去除散亂；所以止觀列入定位。

辛八 斷除波羅蜜多之違品

跟頌八至十三情況一樣，唐譯以一頌「檀離七著故，不著說七種，應知餘五度，障治七皆然」，代替了梵本頌三十至三十五合共六頌所述障礙六度的違緣，今依例以梵本原頌還原六頌（註釋228）。

三十　菩薩之佈施，未不無貪著。
　　　亦非貪著性，未不無貪著。

　　菩薩佈施不執著資財；不延誤佈施；佈施時公平公
正，全無偏頗；不將佈施視作商業活動或投資回報；佈施
時一棒到底，不讓慳貪習氣少許殘留；不執著佈施數量是
否足夠；因佈施時有大乘心和三輪體空作依歸，不出現散
亂。

　　世親菩薩說：「彼檀著有七種：一資財著、二慢緩
著、三偏執著、四報恩著、五果報著、六障礙著、七散亂
著。」意思是說：修佈施，要遠離七種執著，因爲這七種
執著會障礙圓滿修持佈施度。第一資財著，是指修行人執
著資財，不願施捨；第二慢緩著，對求施者不即時給施，
故意拖延；第三偏執著，佈施時心存偏頗，有失公允；第
四報恩著，佈施爲求回報；猶如商賈貿易，視佈施爲一種
交易投資；第五果報著，佈施爲求未來世招感受用不匱的
異熟果；第六障礙著，佈施時仍有少許慳吝習氣；第七散
亂著，世親菩薩說：「散亂有二種：一下意散亂求小乘
故，二分別散亂分別三輪故。」修行人在佈施時，因只顧
自利下劣作意和執著三輪而出現的散亂。

三十一　菩薩之持戒，未不無貪著，
　　　　亦非貪著性，未不無貪著。

　　菩薩不執著形式上的持戒；見到毀犯，立即以持戒對治；對粗顯或微細戒律，都無偏頗，一律守持；持戒亦非為求別人稱讚；持戒並非為求來世招感有漏人天根身；要徹底剷除毀犯習氣，不能姑息；持戒時，不會出現因下劣作意和執著三輪而出現的散亂。

三十二　菩薩之安忍，未不無貪著，
　　　　亦非貪著性，未不無貪著。

　　菩薩不會執持憎怨和介懷別人對自己的憎怨；遇上任何環境變異，都能立即以安忍面對；安忍力度堅穩如大地，不會因微薄安忍而感到滿足；不會期待因對別人安忍而令人見諒自己；不會因求取未來能得相好莊嚴、眷屬美滿等有漏異熟果報而安忍；要徹底斷盡對有情的惡心，包括其習氣；安忍時，不會出現因下劣作意或執著三輪而出現的散亂。

三十三　菩薩之精進，未不無貪著，

亦非貪著性，未不無貪著。

　　菩薩不會喜愛懈怠；不會耽誤錯失任何斷惡修善的機會；恒常斷惡修善，不會虎頭蛇尾；精進修持，不會期望馬上得到回報；不執著精進修持能迅速達成勝生安樂和定善解脫的目標；在修行中斷盡懈怠習氣；精進時，不會出現因下劣作意或執著三輪而出現的散亂。

三十四　菩薩之禪定，未不無貪著，
　　　　亦非貪著性，未不無貪著。

　　菩薩不會執愛散亂；察覺內心有散亂時會立即對治；不會耽著下界定境例如欲界定，會不斷開發四禪八定的境界；不執著以神通利他會獲得受恩者任何回報；不執著由於禪定所帶來身無疾病及投生上界的異熟果報；不會姑息散亂，要徹底剷除散亂習氣；禪定時，不會出現因下劣作意或執著三輪而出現的散亂。

三十五　菩薩之般若，未不無貪著，
　　　　亦非貪著性，未不無貪著。

　　菩薩不會執愛世智辯聰等邪慧；菩薩不會錯失依止善

知識聞法的機會；菩薩不會在聞思修佛法上坐井觀天，故步自封；菩薩不會以傳法作為商品交易；菩薩不會因希冀因別人視自己為智者而修學般若；菩薩不會姑息邪慧，務要斷盡邪慧習氣。修學般若時，不會出現下劣作意或執著分別三輪而出現的散亂。

註釋

226. 如《能斷金剛般若波羅蜜多經》云：「善現，如是般若波羅蜜多，如來說為非般若波羅蜜多，是故如來說名般若波羅蜜多。」世親菩薩這樣解讀：「這個般若波羅蜜多法門，不是一佛——例如單是釋迦牟尼佛所獨說，而是諸佛所同說的般若波羅蜜多法門。」

227. 誠如《能斷金剛般若波羅蜜多經》云：「我昔過去世，曾為羯利王斷支節肉，我於爾時，都無我想、或有情想、或命者想、或士夫想、或補特迦羅想、或意生想、或摩納婆想、或作者想、或受者想；我於爾時都無有想，亦非無想。何以故？善現，我於爾時若有有情想、命者想、士夫想、補特迦羅想、意生想、摩納婆想、作者想、受者想，即於爾時應有恚想。」

228. 依《大乘經莊嚴論寶鬘疏》頁四三四至四三五補上漢譯。

應用思考問題

1. 試依頌二十一至二十二說明安忍度有哪五種功德。

2. 世親菩薩這樣說明精進自性：「於善於正勇者，是精進自性。」試以白話解釋之。

3. 試依頌二十五及二十六，說明靜慮的自性、生起靜慮的原因、修靜慮的結果和靜慮的作用。

4. 具足一切修行功德的基礎——三摩地，是靜慮的相應，何謂三摩地？為何修靜慮必需具足三摩地？

5. 何謂尋伺？何謂喜樂？何謂三住？

6. 試述智慧度的自性及生起的原因。

7. 修智慧度有何功德？為何說智慧度是諸法的上首？

8. 試依頌十七至二十八，以列表形式，分述六度的自性、因、果、作用、相應和分類六種差別。

9. 如何以散亂位和定位來界別六度？試依頌二十九說明。

10. 明友譯師進行翻譯時，將原有介紹六度中四種共通體相的六頌，例如頌八至十三；以及原有介紹對治六度的障礙的六頌，例如頌三十至三十五；各以一頌總括之。前者例如「分別六度體，一一有四相；治障及合智，滿願亦成生」。後者如「檀離七著故，不著說七種，應知餘五度，障治七皆然」。除了令對研讀習經文時，在梵漢偈頌數目有出入外，亦失卻彌勒菩薩說法時，喜以反復叮嚀的特色。事實上，若細看白話文的翻譯文意就知道，六頌各有

深刻意思，實在是不可以一頌總括。一言以蔽之：失之粗疏。而老拙認為這是出於譯場中筆錄及潤文者之手，不能怪罪明友譯師。但這譯例不嚴謹，亦加添後人對研讀《大乘莊嚴經論》的興趣。你能否寫一篇文章，說明翻譯和研讀經典時，應依梵文原典的偈頌，不可任意增減的道理。

11. 試依頌三十至三十五，說明修六度要如何對治各別的障礙，才是真正修持六度。

《大乘莊嚴經論》第44講

六度四攝是菩薩積聚福慧資糧、成就無上菩提的修行方法。彌勒菩薩首先定義六度：佈施是脫離貧窮；持戒是取得清涼；安忍是滅盡內心瞋恚的煩惱和習氣；精進是行持世、出世間的善法；靜慮是向內攝持內心所緣而達致不外散亂；智慧是了知勝義的境界。尤爲精彩的，是彌勒菩薩分別就六度的自體、因、果、作用、相應和分類這六個角度來分析；學人如果能仔細研讀及憶念不忘，這肯定有助修行。接著彌勒菩薩指出六度各有七種因執著而產生的障礙，如以佈施爲例，分別是資財著、慢緩著、偏執著、報恩著、果報著、障礙著和散亂著。

今堂彌勒菩薩分析六度各有四種功德，分別是廣大、無求、最勝和無盡功德。值得留意的是，這次唐譯本不

像以前頌八至十三將六度體相，頌三十至三十五將六度障礙攝爲一頌；而是以六頌分述六度功德。以佈施爲例：恆常廣大地佈施自己的受用甚至性命給一切需求者，這是廣大功德；出自悲愍眾生的動機，而不是爲了報恩或悅意果報而佈施，這是無求功德；而佈施能使一切眾生隨其所宜而達致三乘菩提的殊勝目標，這是最勝功德；佈施是由修行人以無分別智所攝持，所以其功德由現在乃至於無餘依涅槃期間不會竭盡，這是無量功德。「恆時捨生命，離求愍他故，因施建菩提，智攝施無盡」。「廣大及無求，最勝與無盡；當知一一度，四德悉皆同」。此外，六度各別有特別清淨功德。例如佈施中作爲施者 —— 菩薩，所獲的三喜比起受者所獲三喜更歡喜。「此中應知，彼求者三喜不如菩薩三者」。而持戒則於身語意三門恪守十善，十善業道是持戒特別清淨功德。不需用力及故意造作，自然而然就能安忍，這是安忍度的清淨功德。在自他平等，甚至「自甘卑下苦，勝利全予他」的心態下，精進度能排除萬難，堅持到底完成目標；這是精進的清淨功德。就世間凡夫、二乘人與菩薩三者的禪定功德來比較，世間禪少樂，二乘禪尋求自樂，菩薩禪自樂他樂；世間禪執著世間安樂，二乘禪執著涅槃安樂；菩薩禪以無住涅槃，不執著輪涅二邊安樂；世間禪的安樂會退失；二乘禪於無餘涅槃時，五蘊身會在法界中窮盡；大乘禪不住輪涅二邊，所以

安樂無窮盡；世間禪具足二障，故染污愚癡，二乘禪未斷所知障，故無染愚癡；菩薩禪斷二障，故無愚癡。所以大乘禪定度具多樂，自樂、他樂、不著、不退、無盡和無癡之清淨功德。「少樂二自樂，著退盡癡故；是說三人禪，菩薩禪翻彼」。比起世間凡夫聞思修的有漏智，二乘人人無我的無漏智和菩薩的如所有智、盡所有智，更全面殊勝；所以「無比」是智慧度的清淨功德。

辛九 六波羅蜜多之功德

壬一 總說六度四種功德

三十六　恆時捨身命，離求愍他故，
　　　　因施建菩提，智攝施無盡。

　　恆常廣大地佈施自己的受用甚至性命給一切需求者；由於出自悲愍眾生的動機，所以不為報恩或悅意果報而佈施；佈施能使一切眾生隨其所宜而達致三乘菩提的殊勝目標；因為佈施是由修行人以無分別智所攝持，所以其功德由現在乃至於無餘依涅槃之間亦不會竭盡。

　　六度有四種功德，分別是廣大、無求、最勝和無盡功

德。由頌三十六至四十一，第一句顯示廣大功德，第二句顯示無求功德，第三句顯示最勝功德，第四句顯示無盡功德。「因施建菩提者，因是施已建立一切眾生於三乘菩提故」。三乘菩提是指一切智、道相智和一切相智。值得留意，這次唐譯本不像以前頌八至十三將六度體相，以及頌三十至三十五將六度障礙攝為一頌。由此令人懷疑，明友譯師與眾多助譯者是否有既定的譯例，何者概括為一頌，何者分列為六頌？

三十七　恆時守禁勤，離戒及善趣，
　　　　因戒建菩提，智攝戒無盡。

　　佛子恆常廣大地守持禁惡的別解脫戒和勤勇的攝善法戒、饒益有情戒；持戒不是為了來世得天人果；而持戒能使一切眾生隨其所宜達致三乘菩提的殊勝目標；因為修行人以無分別智攝持持戒，所以其功德由現今乃至無餘涅槃期間不會竭盡。

三十八　恆時耐他毀，離求畏無能，
　　　　因忍建菩提，智攝忍無盡。

　　佛子恆常廣大地安忍逆境上的痛苦和別人無理施加自

身的損害；安忍不是為了求生善趣，亦非無力抵抗和害怕別人或者貪圖對己有利；而且安忍能使一切眾生隨其所宜達致三乘菩提的殊勝目標；因為修行人以無分別智攝持安忍，所以其功德由現今乃至無餘涅槃間不會竭盡。

三十九　恆時誓勤作，殺賊為無上，
　　　　因進建菩提，智攝進無盡。

佛子恆常廣大地以弘誓及堅穩精神去實踐斷盡煩惱和得證無上菩提的任務；佛子以斷盡自他煩惱視為己任，不是為了別人的讚賞；精進更能使眾生隨其所宜達致三乘菩提的殊勝目標；因為修行人以無分別智攝持精進，所以其功德由現在乃至於無餘涅槃之間亦不會竭盡。

世親菩薩說：「恒時誓勤作者，諸菩薩無比修精進有二自性；一弘誓爲自性，二勤方便爲自性。」弘誓是指菩薩願菩提心，如四弘誓願（註釋229）；勤方便，指堅穩實踐行菩提心。

四十　　恆時習諸定，捨禪下處生，
　　　　因定建菩提，智攝定無盡。

佛子恆常廣大地修習各式各樣的三摩地；透過根本定雖則可投生各種安樂境地，但為了利益欲界眾生，菩薩不求投生色界、無色界諸天；而禪定能使一切眾生隨其所宜達致三乘菩提的殊勝目標；因為修行人以無分別智攝持禪定，所以其功德由現今乃至無餘涅槃期間不會竭盡。

四十一　恆了真餘境，佛斷尚不著，
　　　　因智建菩提，悲攝智無盡。

佛子恆常廣大地了知真如平等相以及其餘無邊現象差別相；菩薩尚且不執著涅槃的寂滅，遑論輪迴生死時的虛幻？而智慧能使一切眾生隨其所宜達致三乘菩提的殊勝目標；由於以大悲平等心攝持智慧，所以佛子以悲智雙運進入無住涅槃，不斷地攝持世間一切有情，所以功德無有窮盡。

世親菩薩說：「此中前五波羅蜜，以無分別智攝故，乃至無餘涅槃功德無盡。般若波羅蜜以大悲攝故，恆不捨眾生，功德無盡。」意思是：前五度佈施、持戒、安忍、精進和靜慮，都以無分別智攝持，所以功德無有竭盡。智慧度則以大悲平等心攝持，利益一切眾生；功德亦無有窮盡。

世親菩薩說：「次以一偈總說前義！」

四十二　廣大及無求，最勝與無盡；
　　　　當知一一度，四德惡皆同。

　　總括來說，六度中每一度都具備利益眾生的廣大、無求、最勝和無盡四種功德。

壬二　別說六度功德

癸一　六波羅蜜多各別的清淨功德尤為超勝

四十三　得見及遂願，並求合三喜，
　　　　菩薩喜相翻，彼退悲極故。

　　在佈施過程中，求施者對菩薩生起三種歡喜，得見菩薩心生歡喜，滿願時心生歡喜，甚至想起得見菩薩獲得佈施時，亦心生歡喜。另一方面，菩薩見到求施者歡喜，滿足求施者所需時歡喜，甚至想起得見求施者並滿足他們所求時，亦心生歡喜。事實上，我們亦應注意到菩薩三喜清淨功德較求施者殊勝，因為菩薩在過程中具足大悲。

世親菩薩說：「此偈顯示檀波羅蜜清淨功德。」又說：「此中應知，彼求者三喜不如菩薩三喜，何以故？菩薩大悲具足故。」誠然，這說明在價值取向上，施確比受更有福。

四十四　自身財眷屬，由悲恆喜施，
　　　　彼三遠離行，何因不禁守？

菩薩尚能以大悲平等心佈施自己的身體、財富和眷屬予人；為何不能做到不殺害他人、不偷盜他財、不邪淫別人眷屬呢？

彌勒菩薩以四頌從身語意三方面陳說持戒的清淨功德。下一頌是身三善持戒的清淨功德。

四十五　不顧及平等，無畏亦普施，
　　　　悲極有何因，惱他而妄語。

在大悲平等心的驅使下，菩薩尚且不顧自己的身命，平等地利益一切有情，令他們遠離怖畏；菩薩有何原因要用妄語來損害有情呢？

世親菩薩說：「凡起妄語有四因緣：一為自利，戀身命故；二為利他，利所愛故；三為怖畏，懼王法故；四為求財，有所需故。」菩薩完全沒有必要妄語；「一者不顧，不戀身命故；二者平等，他身與自得等心故；三者無畏，離五怖故；四者普施，以一切物施一切故」。所謂平等，是說菩薩不會為了親友的利益，或為了損害怨親而說妄語。此外，菩薩因為見道時斷除了分別性的薩迦耶見，不再執此五蘊身為我，所以遠離五種怖畏（註釋230）；在這情況下，菩薩實無妄語必要。這一頌說明持戒、不妄語的清淨功德。妄語，是指說一些似是而非的說話，目的令對方產生錯誤見解。

四十六　平等利益作，大悲懼他苦，
　　　　　亦勤成熟生，極遠三語過。

菩薩時刻平等利益眾生，怎會因為要破壞離間別人與朋友間的關係而兩舌？菩薩時刻恐怕別人受苦，怎會因為要傷害別人令他受苦而惡口？菩薩恆時希望能成熟眾生，怎會說無意義的綺語而令別人浪費時間，虛渡人生？所以菩薩持戒有遠離妄語和其餘三種不善語的功德。

世親菩薩說：「菩薩於一切眾生恆作平等利益，豈欲壞他眷屬而作兩舌。菩薩大悲恆欲拔除一切眾生之苦，於他苦中極生怖懼；豈欲為苦於他而作惡口。菩薩恆行正勤，恆欲成熟一切眾生，豈欲不成熟他而作綺語。」綺語，是指充滿著煩惱的空談，例如諂媚說話、貪欲歌舞、諷誦惡論文句；這些空談令修行虛耗暇滿人身，失去成熟自他的機會。

四十七　普施及有悲，極善緣起法；
　　　　　何因不能耐，意地三煩惱。

菩薩由於不貪取而普施一切財物，所以遠離貪煩惱；由於大悲心而忍辱，所以遠離瞋煩惱；由於深明緣起的道理而不執著實有實無，所以遠離邪見；如此，菩薩又怎會容得下意業三種惡行呢？

四十八　損者得益想，苦事喜想生，
　　　　　菩薩既如是，忍誰何所忍？

受到傷害時，大悲菩薩視之為一種助緣；遇到苦事時，更以能幫助別人為樂。對大悲菩薩來說，祂還有甚麼要安忍呢？菩薩無勤安忍——不用著力而能在逆境和傷害

中安穩不動，這是安忍的清淨功德。

四十九　菩薩他想斷，愛他過自愛，
　　　　　於他難行事，精進即無難。

由於菩薩已修得自他平等，甚至愛他勝過自愛，所以菩薩為利他而精進，實在不是一件難事。

凡夫為自己做事會不畏艱難，但為別人做事則容易疲厭。菩薩修行自他相換，自他平等；人生以利他為目的，所以就算遇上難事，都阻撓不了堅穩菩薩精進清淨功德。

五十　少樂二自樂，著退盡癡故；
　　　　是說三人禪，菩薩禪翻彼。

就世間凡夫、二乘人與菩薩三者的禪定功德來說，世間禪少樂，二乘禪尋求自樂，菩薩禪自樂他樂；世間禪執著世間安樂，二乘禪執著涅槃安樂；菩薩禪以無分別智不執著輪涅安樂；世間禪的安樂會退失；二乘禪於無餘涅槃時，五蘊身會在法界中窮盡；大乘禪不住輪涅二邊，所以安樂無窮盡；世間禪具足二障，故染污愚癡；二乘禪未斷所知障，故無染愚癡；菩薩禪斷二障，故無染無癡。所以

菩薩禪定度具多樂、自樂、他樂、不著、不退、無盡和無癡的清淨功德。

　　世親菩薩說：「痴者，彼三人禪如其所應，有染痴無染痴故」。意思是：世間、聲聞緣覺二乘人的禪定，前者因未斷煩惱障和所知障，所以是有染癡；後二乘人只斷煩惱障，但仍有所知障，所以是無染癡。

五十一　暗觸及二燈，如是三人智；
　　　　　譬如日光照，菩薩智無比。

　　如果以譬喻來比較世間、二乘和菩薩智慧的功德，世間凡夫聞思修的有漏智慧，就像在黑夜中以手觸摸外物，單憑比量衡度。二乘人因只斷我執而未斷法執，其局限的無漏智猶如於室中以有罩之燈照物，僅見一方之物。菩薩因斷二障而有見勝義諦的如所有智及見世俗諦的盡所有智，猶如日光遍照萬法，所以無比是智慧度的清淨功德。

註釋

229. 對應於佛的苦集滅道四諦教授，四弘誓願是：一、未度者
    令度，二、未解者令解，三、未安者令安，四、未涅槃者
    令得涅槃。漢地大德著作例如《往生要集》云：「眾生無
    邊誓願度，煩惱無數誓願斷，法門無盡誓願知，無上菩提
    誓願證。」

230. 五怖畏謂一、不活畏，二、惡名畏，三、死畏，四、惡道
    畏，五、大眾威德畏。

應用思考問題

1. 明友譯頌三十六至四十一時，分述六度四種功德；不同以前頌八至十三將六度體相，頌三十至三十五將六度障礙攝為一頌。你認為其中有甚麼原因呢？

2. 六度各有廣大、無求、最勝和無盡四種功德，試依頌三十六至四十一列表說明。

3. 佈施、持戒、安忍、精進、禪定五度都是以無分別智攝持，所以功德無盡；但智慧又以甚麼來攝持，以致智慧度功德無盡呢？

4. 三喜是佈施度清淨的功德；為何在佈施過程中，求施者所產生的三喜不及菩薩的三喜呢？為何這說明施比受更有福？

5. 於身、語、意三門恪守十善，是持戒度所產生的特有清淨功德，試依頌四十四至四十七說明。

6. 無勤安忍——不需用力及故意地安忍，自然而然就能安忍；是安忍度的清淨功德，試依頌四十八說明。

7. 在自他平等，「自甘卑下苦，勝利全予他」的心態下精進，能產生排除萬難、堅穩精進的清淨功德，試依頌四十九說明。

8. 試比較世間禪、二乘禪和菩薩禪的功德。菩薩禪定度有哪六種清淨功德？試依頌五十說明。

9. 為何世親菩薩說世間禪是有染癡？二乘禪是無染癡？

10. 彌勒菩薩如何譬喻世間凡夫聞思修的有漏智，二乘人人無我的無漏智，菩薩的如所有智、盡所有智？為何智慧度的清淨功德是無比的呢？

《大乘莊嚴經論》第45講

　　由〈度攝品〉開始，彌勒菩薩正式闡述無上菩提法門的正行。通常我們以三殊勝來貫串修行時應持的態度；所謂前行發菩提心，以澄明的信心認真地確證為服務一切有情而修行作為目標；正行，以無分別所謂三輪體空來修持；結行，將一切修行功德迴向，願一切眾生皆得無上菩提。前幾講已說明六度的定義，又從自性、因、果、業、相應和種類六個方面來分析六度。彌勒菩薩循循善誘，將利益無盡的六度功德，分三層來闡明。所謂功德有兩層意思：一是表現狀態；二是利益，如果這樣做，就會得到這樣的結果。首先是六度的四種基本功德：「廣大及無求，最勝與無盡；當知一一度，四德悉皆同」。接著彌勒菩薩將菩薩與二乘人凡夫來作比較，大乘在「依、類、緣、迴向、因、智、田、依止」八方面都較二乘人殊勝，所以依

大乘六度來修行，就會得到八種無上功德的結果。以佈施為例，佈施是菩薩行為的表現；佈施不單有財施，還有無畏施和法施，菩薩以大悲心來發動佈施，所有佈施善根皆迴向大菩提，佈施之成因乃夙世串習佈施之業種子及相應的名言種子遇緣成熟而現行；佈施時以無分別智攝持而不見三輪分別；佈施五種對象分別是求人、苦人、無依人、惡行人和具德人；菩薩依止信解、作意和三摩地三種狀態來佈施。

六度除了本身具備廣大、無求、最勝和無盡功德；與二乘人，在依、類、緣、迴向、因、智、田和依止這八方面比較無上功德外；彌勒菩薩特別提到對初基菩薩而言，佈施度和精進度還有特殊意義，例如前者是施比受更有福；尤其是「起苦」，一種將捨身這種極痛苦的修行轉化成極喜的修行方法。後者除以現樂、世法、出世、資財、動靜、解脫和菩提七種作用貫串整個世、出世的修行之外，尚能以增減、增上、捨障、入真、轉依和大利這六種不同深淺精進力，再配合四正斷、五根、五力、七覺支、八正道和六度等修行德目，貫通了資糧位、加行位、見道位、修習位和究竟位──菩薩五位的修行神髓。「現樂與世法，出世及資財，動靜及解脫，菩提七為業」。「增減及增上，捨障亦入真，轉依與大利，六說精進種」。此

外，我們要注意到初基菩薩最重要的是修行不退轉；而精進度恰恰提供了不退轉的力量。以精進配合佈施為例，第一、能對治慳吝資財所引起的違緣而不退轉；第二、能對治因耽著資財而引起貪取煩惱，所以不會退轉；第三、能對治對佈施生起的疲厭之心，所以不會退轉；第四、能對治稍作佈施即便滿足的懦弱，所以不會退轉。「財著煩惱著，厭著知足著；四著不能退，對治分四種」。

癸二 六度各有八種無上功德

唐譯本以一頌：「依、類、緣、迴向，因、智、田、依止；如是八種勝，無上義應知！」總括梵本頌五十二至五十七；今依例以梵本原頌補回六頌。（註釋231）大乘六度比起凡夫和二乘人有八種殊勝，所以能獲八種無上功德。

五十二　施所依及事，因以及迴向，
　　　　出處智及田，處等門許勝。

佈施度擁有八種無上功德；佈施是菩薩行為的表現；佈施不單有財施，尚有無畏施和法施；菩薩以大悲心來發動佈施；所有佈施善根皆迴向大菩提；佈施之成因乃夙世

串習佈施之業種子及相應的名言種子起現行；佈施時以無分別智攝持而不見三輪分別；佈施的對象有求人、苦人、無依人、惡行人和具德人；菩薩佈施時精神處於信解，味、隨喜、希望三種作意和三摩地的狀態。

世親菩薩說：「檀田者：因有五人；一求人，二苦人，三無依人，四惡行人，五具德人；應知此中以具德勝人爲無上。」求人，即乞求佈施的人，包括有少許財富者，只要乞求亦應佈施。苦人，例如病人。無依人，例如無衣食者。惡行人，例如爲積財而造惡業者。具德人，例如清淨持戒者如阿羅漢、佛；供養愈高貴者功德愈殊勝。

世親菩薩又說：「檀依止者，由三種依止故。一依止信向，二依止思惟，三依止三昧。依止信向者，如分別修中信思惟所說；依止思惟者，如分別修中味思惟、隨喜思惟、希望思惟所說；依止三昧者，謂依金剛藏等定。」所謂「檀依止」，是指精神處於三種狀態而行施。第一是對經中所教授佈施的教義生起信解。第二是以恭敬嚴肅態度來佈施，隨喜別人佈施和希望自他於未來都能佈施。第三是指八地以上修行人，以如金剛不壞的虛空藏三摩地，透過神通用身、受用及教授來佈施。又說：「檀因者，以先世施業熏習種子爲因故。」意思是：佈施的成因，是夙世

佈施之業種子及相應的名言種子遇緣成熟而起現行。

五十三　戒所依及事，因以及迴向，
　　　　　出處智及田，處等門許勝。

　　持戒度擁有八種無上功德：持戒是菩薩行為的表現；持戒不單有菩薩戒，還有攝善法戒和饒益有情戒；菩薩以大悲心來發動持戒；所有持戒善根皆迴向大菩提；持戒之成因乃夙世串習持戒之業種子及相應的名言種子而現行；持戒時以無分別智攝持而不見有三輪分別；持戒的對象是要被安置於無上菩提的一切有情；菩薩持戒時精神處於信解、味、隨喜、希望三種作意和三摩地的狀態。

　　世親菩薩說：「此中戒品類無上者，謂菩薩戒。」意思是：菩薩所遵守的是菩薩戒。

五十四　忍所依及事，因以及迴向，
　　　　　出處智及田，處等門許勝。

　　安忍度有八種無上功德：安忍為菩薩行為的表現；菩薩能忍惡人及力小者殺害；菩薩以大悲心來發動安忍；所有安忍善根皆迴向大菩提；安忍之成因乃夙世串習安忍之

業種子及相應的名言種子而現行；安忍時以無分別智攝持，故而不見有三輪分別；安忍的對象是要安置於無上菩提的一切有情；菩薩安忍時精神處於信解，味、隨喜、希望三種作意和三摩地的狀態。

世親菩薩說：「忍品類無上者，謂來殺菩薩者卑下劣弱。」意思是說：菩薩能安忍比自己力弱者的損害，甚至殺害。

五十五　精進所依事，因以及迴向，
　　　　　　出處智及田，處等門許勝。

精進度有八種無上功德：精進為菩薩行為的表現；菩薩能修六度善行及斷除障礙六度的煩惱；菩薩以大悲心來發動精進；所有精進的善根皆迴向大菩提；精進的成因乃夙世串習精進之業種子及相應的名言種子而現行；精進時以無分別智攝持，故而不見有三輪分別；精進的對象是要被安置於無上菩提的一切有情；菩薩精進時精神處於信解，味、隨喜、希望三種作意和三摩地的狀態。

世親菩薩說：「精進品類無上者，謂修諸波羅蜜所對治斷。」意思是：菩薩能修六度善行及能斷障礙六度的煩

惱，如慳貪等。

五十六　禪定所依事，因以及迴向，
　　　　　出處智及田，處等門許勝。

禪定度有八種無上功德：禪定為菩薩行為的表現；菩薩能得三摩地；菩薩以大悲心來發動禪定；所有禪定善根皆迴向大菩提；禪定的成因乃夙世串習禪定之業種子及相應的名言種子起現行；禪定以無分別智攝持，故而不見有三輪分別；禪定的對象是要被安置於無上菩提的一切有情；菩薩禪定時精神處於信解，味、隨喜、希望三種作意和三摩地的狀態。

世親菩薩說：「禪品類無上者，謂菩薩三摩提。」意即菩薩能獲得殊勝的三摩地，所以得無上功德。

五十七　智慧所依事，因以及迴向，
　　　　　出處智及田，處等門許勝。

智慧度有八種無上功德：智慧是菩薩行為的表現；菩薩能知一切法的真如；菩薩以大悲心來發動智慧；所有智慧善根皆迴向大菩提；智慧的成因乃夙世串習智慧的業種

子及相應的名言種子而現行；智慧由大悲平等心攝持；智慧的對象是要被安置於無上菩提的一切有情；菩薩行持智慧時精神處於信解，味、隨喜、希望三種作意和三摩地的狀態。

世親菩薩說：「智品類無上者，謂緣如如境。」意即菩薩能體證殊勝的真如境界，故得無上功德。

世親菩薩又說：「復次檀及精進復有不共差別功德」。

癸三 佈施不共差別功德

五十八　施一令得樂，多劫自受苦，
尚捨為受深，何況利翻彼？

就只因一顆愛心，縱經多劫受盡苦難，若能透過佈施令一眾生得到安樂，菩薩尚施無吝，何況祂明白到佈施實際上會為自己帶來更大的利益呢！

世親菩薩說：「愛深者，謂悲差別！」謂菩薩基於大悲心而愛護眾生。

五十九　乞者隨所欲，菩薩一切捨，
　　　　彼求為身故，利彼百種施。

　　菩薩為滿足乞求者的欲求，可以不只一次佈施一切東西，數百次都可以；而凡夫乞求者為了愛重自身，一切都想獲得。

　　這說明菩薩具足不貪取、不守財的美德，且能廣大無厭地佈施的原因；有情為了自己生命與身體，不斷尋求積累財物；對容易奉行的外財施，菩薩自然能無厭地佈施。

六十　捨身尚不苦，何況餘財施，
　　　　出世喜得故，起苦是無上。

　　相對來說，佈施身外之財容易，捨身較難；話雖如此，菩薩因為具有出離世間之心，所以能將施身轉成安樂；這種起苦作用令菩薩得到無上的歡喜。

　　世親菩薩說：「菩薩捨身時，由心故不生苦；此心顯示菩薩出世間。何以故？得歡喜故。問：此喜從何得？答：從起苦得！是故是菩薩無上。」起苦就是施身時從苦

苦、壞苦和行苦中轉念成快樂氛圍，所以菩薩必先有極強的出離心作為起苦的助緣。菩薩初地又名極喜地，這正是修行人勝義菩提心中佈施度尤為殊勝的原因。

六十一　乞者一切得，得喜非大喜，
　　　　菩薩一切捨，喜彼喜大故。

　　乞求者得到一切財物會心生歡喜，菩薩見到眾生得財而所得到的歡喜卻是大喜！

六十二　乞者一切得，有財非見富；
　　　　菩薩一切捨，無財見大富。

　　乞求者即使得到一切財富，也不見得是一個富有的人；相反，菩薩即使捨棄所有，都總是感到富足。

六十三　乞者一切得，非大饒益想；
　　　　菩薩一切捨，得大饒益想。

　　乞求者獲得大量資財，由於他從未付出過，所以從未有過以大悲心利益過別人的意圖。菩薩雖然捨棄了財物，但祂卻開展了大悲心利益別人。

六十四　乞者自在取，如取路傍果，
　　　　菩薩能大捨，餘人無是事。

　　乞求者隨意攫取資財，就像在路邊摘取樹果一樣；而菩薩則隨時隨意作大施捨。

癸四　精進度不共差別功德

六十五　勝因依業種，對治等異故；
　　　　如是六種義，精進有差別。

　　精進度可以從六個角度來分析：白法中最殊勝、因、依止、業、種類和四種障礙的對治。

六十六　白法進為上，進亦是勝因；
　　　　及得諸善法，進則為依止。

　　精進以最殊勝的善法作為自性，這是因為成辦一切善法端賴精進；積聚福慧資糧的多少，亦依修行精進大小而定。

白法，指善法，其中包括六度；六度中以精進最爲殊勝。或問：禪定和般若能伏斷煩惱，爲何不是最殊勝？答曰：因爲未生精進則善法便不能產生；所以一切善法，包括六波羅蜜都以精進爲因，爲依止。

六十七　現樂與世法，出世及資財；
　　　　動靜及解脫，菩提七爲業。

精進有七種作用：得現世生活安樂；透過勤修止觀於現世間成就；並能於來世成就一切出世間法；透過勤修十善得人天資財享樂；透過勤修奢摩他脫離欲界的物障而得到色界、無色界的精神淨化境界；透過勤修四諦、十二因緣斷除薩迦耶見而證二乘解脫；透過勤修大乘而得殊勝無上菩提。

世親菩薩說：「五得動靜者，由是世間不究竟故。」是指欲界眾生爲物質享樂所束縛，透過寂止能清淨四禪八定境界。

六十八　增減及增上，捨障亦入眞；
　　　　轉依與大利，六說精進種。

精進有兩種分類方式：首先以修證菩薩五位而將精進分為六種。第一是在資糧位修四正斷的增減精進；第二是在加行位勤修五根得解脫自在的增上精進；第三是在加行位勤修五力以斷障的捨障精進；第四是在通達位修七覺支時的入真精進；第五是在修道位修八正道、六波羅蜜多作為成佛轉依之因的轉依精進；第六是在究竟位以修無住涅槃自利利他的大利精進。

六十九　種復有五異，弘誓將發行，
　　　　無下及不動，第五說無厭。

　　其次是諸佛亦將精進分成五類：弘誓精進、發行精進、無下精進、不動精進和無厭精進。

　　世親菩薩說：「五異者：一弘誓精進，謂欲發起行故；二發行精進，謂現行諸善故；三無下精進，謂得大果下體無故；四不動精進，謂寒熱等苦不能動故；五無厭精進，謂不以少得為足故。」意思是：樂於斷惡行善的精進叫弘誓精進；依著誓願對善法發起精進的叫發行精進；為得無上菩提而無怯弱精進叫無下精進；不懼怕逆境的精進叫不動精進；不會因得到些少斷惡行善的成效而減低力度的精進叫無厭精進。

七十　三種下中上，由依三乘爾，
　　　亦二下上覺，利有小大故。

　　若從行持精進的行者來分析，聲聞乘精進微弱，緣覺乘精進中等，菩薩乘精進廣大。這三類修行人，前二者包括聲聞和緣覺，因為自利，所以精進力是下等；菩薩乘因為自利利他，所以精進力是上等。

　　世親菩薩說：「下覺者，依二乘行人；上覺者，依大乘行人；如其次第，說於小利及大利故。何以故？為自利故，為他利故。」意思是說：菩薩因自利利他，所以精進力度屬上等，聲聞和緣覺只顧自利，所以精進力度屬下等。

七十一　財著煩惱著，厭著知足著；
　　　　四著不能退，對治分四種。

　　菩薩的精進能對治四種耽著而引起的違緣，所以不會退轉。以佈施為例，第一、能對治慳吝資財受用而引起的違緣，所以不會退轉；第二、能對治因耽著資財所引起的貪取煩惱，所以不會退轉；第三、能對治佈施生起的疲厭

心，所以不會退轉；第四、能對治稍作佈施即便滿足的懦弱，所以不會退轉。

世親菩薩說：「由對治四著有四不退，說四種對治差別。問此云何？答檀等諸行，由四著為礙故而不得行。」意思是說：菩薩以精進行持佈施，能克服四種因耽著而引起的障礙，分別是財著、煩惱著、厭著和知足著。菩薩以精進克服這四種耽著，故於佈施度中不會退轉。

註釋

231. 依《大乘經莊論寶鬘疏》頁四五二補上漢譯。

應用思考問題

1. 提到六度的功德，真是利益無盡，六度內容非常豐富，表現出多樣性；除了有四種基本功德，所謂廣大、無求、最勝和無盡外；還有比凡夫、二乘殊勝的八種無上功德，試依頌五十二至五十七敘述之。

2. 為何對本身已有少許財富的人，甚至惡人，只要他們乞求，亦應給施？試依世親菩薩於頌五十二的解釋說明。

3. 為何修持六度要注意精神狀態「依止」？所謂信解、作意和三摩地；試以佈施為例說明。

4. 為何行持六度時，皆以往昔六度所熏習的業種子及相應的名言種子起現行為因？試以對乞丐行施為例說明其過程。

5. 世親菩薩提到安忍無上功德時說：「忍品類無上者，謂來殺菩薩者卑下劣弱。」試詳釋這句的意思。

6. 為何修六度皆以所有功德迴向無上菩提？

7. 為何彌勒菩薩特別重視佈施和精進這兩度的功德呢？

8. 捨身是一件最痛苦的事，但菩薩卻能發動「起苦」，將最痛苦轉化成最快樂的事。試依頌六十說明「起苦」的重要。

9. 彌勒菩薩從頌六十一至六十四比較乞者和施者孰樂孰利，最後帶出施比受更有福的道理，試加以說明。

10. 彌勒菩薩以自性、因、依止、業、種類和對治障礙來說明精進的特別功德，試依頌六十五至七十一說明。

11. 為何彌勒菩薩特別指出六度中以精進最殊勝,而不是能伏斷煩惱的禪定和智慧?試依頌六十六解釋說明。

12. 試依頌六十七說明精進度七種作用。

《大乘莊嚴經論》第46講

　　上堂提到彌勒菩薩寄語後世修行人，六度中雖以禪定和般若最爲圓滿究竟，但畢竟仿如處身金字塔頂，普通人不可一蹴而得；而對末世修行人來說，最務實、最迅速產生效益的波羅蜜多修行，是佈施和精進。前者以無貪及思心所爲因，以己物施給受者，能得善趣七德和受用不匱的果報。後者因對善法生起信心，意欲行善，能於日常生活中勇於斷惡行善，遠離邪道；最後能令正念不斷增長，引發三摩地功德。彌勒菩薩還提到佈施度一項殊妙修法——起苦。菩薩先萌生極強的出離心，就算遇上施身時，亦能從苦苦、壞苦和行苦中轉念成快樂氛圍，這時肉體雖承受損傷甚至斷命之苦，但內心卻得到無上歡喜。「捨身尚不苦，何況餘財施？出世喜得故，起苦是無上」。精進除了具足世間和出世間功德外，透過修持三十七道品及六度四

攝，更可貫串菩薩五位修行；換言之，無論是初基凡夫到三淨地高級菩薩，修行都以精進為本。「現樂與世法，出世及資財；動靜及解脫，菩提七為業。增減及增上，捨障亦入真；轉依與大利，六說精進種」。

今堂彌勒菩薩解說四攝；所謂令一切眾生心相續攝為自身，產生覺受。從宏觀的角度，每個眾生的阿賴耶識都彼此為緣，互托成為本質而現起；尤其是同一時間，同一地點，各人相處時，由現行熏入的種子，種子起現行都容易輾轉滲透，互相影響。所以當菩薩一方面修持六度，成熟自己，另一方面應以四攝來成熟他人，與群眾打成一片。怎樣進行呢？透過佈施攝引群眾，以愛語善言攝向群眾導入波羅蜜多教法，以利他攝令彼此間建立良好的人際關係，最後以同利攝讓群眾日後有能力自行實踐波羅蜜多。「佈施將愛語，利行並同利；施平及彼說，建立亦自行」。佈施是隨攝方便，以資財隨順別人的需要而攝受群眾。愛語是攝取方便，那些充滿無知、邪見和疑惑的群眾，透過攝取菩薩的教言而明白六度的義理。利行是正轉方便，令眾生行持六度而轉入行善。同利是隨轉方便，令群眾隨著菩薩教導六度方法，自己亦生信而隨行。「攝他四方便，即是四攝性；隨攝亦攝取，正轉及隨轉」。最後，彌勒菩薩總結六度四攝說：如是菩薩以佈施不耽著物

用；以持戒遠離熱惱俾令心靈寂靜；以安忍忍耐苦苦、壞苦和行苦；以精進積極斷惡行善；以禪定將外境攝心內住，不為煩惱所動搖；以般若無分別智遠離二取習氣。並透過四攝令眾生跟隨自己一樣成就六度。「不著及寂靜，能耐將意勇，不動並離相，亦攝攝眾生」。

辛十 六度中每一度均可含攝餘度

世親菩薩說：「已說六波羅蜜功德，次說六波羅蜜互顯。」

七十二　相攝及差別，依法亦為因；
　　　　六度互相成，一切種分別。

六度之間可以互相含攝；所以一一度中又各有六度，成為三十六種；若從法教來看，所詮六度教義與能詮大乘經籍一味平等；而每一度均可作為成就餘度的因。

每一度皆可再分成六度；例如當傳法上師宣說教法，和徒眾們聚首在一堂時，宣說教法就是佈施度。上師說法不是為求名利供養，也不雜染宣揚個人功德，嘲諷他人或其他非福的動機，便是持戒度。上師不厭其煩，不怕

辛苦，重複解說法義，這是安忍度。上師在說法時，不爲放逸、懈怠所影響，就是精進度。在說法時，內心沒有散亂，每說一字和它的意思時，沒有錯謬，不多不少，恰到好處，便是靜慮度。在說法時，他安住於三輪體空的智慧度。這便是六度互攝的意思。

又例如持戒：守持攝善法戒是利他，實際是佈施；具戒修行人自然要安忍別人的損害；勤毅地斷惡修善，就是精進；專心持忍，不受外境八風左右，就是禪定；通達墮罪或非墮罪等戒律是盡所有智，守戒律時三輪體空是如所有智，這就是智慧。

世親菩薩說：「如是說六波羅蜜義已，次說四攝行。」

己二 宣說四攝

庚一 本體

七十三　佈施將愛語，利行並同利，
　　　　施平及彼說，建立亦自行。

四攝是佈施攝、愛語攝、利行攝和同利攝。透過平等佈施攝引群眾，並以善言令他們導入波羅蜜多教法，彼此間建立良好例如師友的人際關係；讓群眾日後有能力自行實踐波羅蜜多菩薩行。

世親菩薩說：「施平者，即佈施攝；彼說者，謂愛語攝，說彼波羅蜜義故；建立者謂利行攝，建立眾生於波羅蜜中故；自行者，謂同利攝，建立他已，自亦如是行故。」同利攝，其他佛典有稱同事攝。問：「何故說此四攝體？答此說攝他諸方便。」修行人要自他成熟，除了要自修六度，還要透過四攝普傳六度，其他人亦能成熟六度修行。

庚二 數量決定

七十四　攝他四方便，即是四攝性；
　　　　隨攝亦攝取，正轉及隨轉。

四攝就是攝受群眾，並與群眾互動學習六度的四種方法。透過隨攝佈施令別人得到實際利益；透過愛語令無知疑惑者攝取六度法義；透過持續教導群眾轉入修持六度，是利行正轉；群眾透過模仿菩薩言行，而各別自行成功修

持六度，就是同行隨轉。

隨攝方便和攝取方便有何不同？世親菩薩說：「佈施者，是隨攝方便，由財施隨他身起攝故；愛語者，是攝取方便，由無知疑惑者令受義故。」佈施是隨攝方便，以資財隨順別人所需而攝受群眾；愛語是攝取方便，那些無知邪見疑惑群眾透過攝取菩薩的教言，明白六度教義。正轉方便和隨轉方便有何區別？世親菩薩說：「利行者，是正轉方便，由此行諸善轉故。同利者，是隨轉方便，菩薩自如說行，眾生知已，先未行善，亦隨行故。」意思是：利行是正轉方便，即以利行令眾生行持六度而轉入行善。同利是隨轉方便，指群眾隨著菩薩教導六度方法，自己亦生信而隨行。

庚三 四攝之作用

七十五　令器及令信，令行亦令解；
　　　　如是作四事，次第四攝業。

透過佈施令人願意聽聞佛法成為法器，再以愛語令人消除疑慮相信佛法，接著以利行幫助他們開始修行六度；最後以同利讓他們獨立修行六度而得解脫。

庚四 四攝之分類

辛一 分為兩類

七十六　四體說二攝，財攝及法攝，
　　　　財一法有三，次第攝四攝。

　　四攝可分為財攝和法攝兩類。布施攝是透過財物，將群眾凝聚起來；法攝是透過愛語令群眾減輕煩惱，設定解脫為目標，透過利行來讓群眾實踐修行解脫法門，透過同利最後淨化煩惱，圓滿解脫。

　　世親菩薩說：「法攝攝後三攝。問云何攝後三？答法有三種：一所緣法，二所行法，三所淨法」。意思是說：法攝有三種，分別是：一、所緣法，由教導眾生斷除煩惱，得到法益，從而使他們設定以解脫作為學佛目標；二、所行法，教導群眾實踐修行解脫法門；三、所淨法，經過長時間堅持修行，群眾得以淨化煩惱和圓滿解脫。

辛二 分為三類

七十七　下中上差別，如是四攝種，

　　　　倍無及倍有，亦純合三益。

　　四攝依菩薩修為程度分為三等：勝解行地菩薩，對群眾行持四攝的效力無甚利益；屬下等利益。初地至七地菩薩的四攝能影響較多有情，屬中等利益。三淨地菩薩的四攝效力，利益有情無一虛耗，屬上等利益。

　　勝解行地的修行人雖有心以攝利益眾生，奈何他們尚未見道，未證真如，又不能了知眾生意樂；故四攝利益倍無——效益很低，趨近於無。而十地菩薩因證人無我、法無我；高階菩薩更擁有無窮神通威力，所以四攝利益倍有，效益顯著。

庚五 四攝之功德

七十八　菩薩欲攝眾，依此四方便，

　　　　大利及易成，得讚三益故。

　　菩薩以四攝作為方便來攝受徒眾，令大家得益，因容易接受，故能成熟眾生，並且得到諸佛的稱讚。

七十九　四攝於三世，恆時攝眾生，
　　　　成就眾生者，非餘唯四攝。

　　四攝能恆時於過去、現在和未來攝受眾生，若論能令眾生得以成就的方法，非四攝法莫屬。

　　世親菩薩說：「是故此四攝是成熟眾生道，非餘諸道；餘道無體故。」所謂無體，指不是實在方法。因為法界內眾生心相續內各自的第八識種子互相為緣，托為本質，現出宇宙人生，期間一切眾生心相續內種子與現行互相滲透，輾轉跌宕；最後成攝為自體，還產生覺受。就好像一密室內燃點多燈，燈光交熾；室內某處之光，已不能分辨出燈光來源，交融一體。四攝有體，餘道無體，就是這個道理。

己三 總結六度四攝

八十　不著及寂靜，能耐將意勇，
　　　不動並離相；亦攝攝眾生。

　　如是菩薩以佈施不耽著物用；心靈以持戒遠離熱惱，得以寧靜；以安忍忍耐三苦；以精進積極斷惡行善；以禪

定將外境攝心內住，不為煩惱搖動；以般若無分別智遠離二取習氣；最後透過四攝令眾生跟隨自己一樣成就六波羅蜜多。從外表上看到大乘修行人日常只作供養如來，親近善友；恆常以慈悲喜捨的態度對待別人；其實，這些大乘修行人正在不斷地默默行持六度四攝，逐漸積聚無量福慧資糧呢！

應用思考問題

1. 試以法施和持戒為例，說明六度中每一度均可含攝餘度的道理。

2. 修行人要成熟自他，除了自己要熟習六度外，還要透過四攝令別人也成就修行六度，試依頌七十三說明。

3. 試依頌七十三至七十五說明四攝定義和作用。

4. 明友將同事攝譯為同利，這是依世親菩薩所言：「同利攝建立他已，自亦如是行故」；令別人日後亦有能力自行實踐波羅蜜多之菩薩行；你覺得同利比同事是否更貼近詞義？

5. 四攝中的隨攝和攝取，正轉和隨轉有何不同？試依頌七十四說明。

6. 試依頌七十五說明四攝法之作用。

7. 四攝可分財攝和法攝兩類，試依頌七十六說明。

8. 當修行人未見道，因為未現證人無我、自他平等道理；所以對群眾用四攝，功效幾乎於零。這說明了末法時代傳承佛法的普遍現象，單憑聞法對修行幫助不大。你可有辦法改善末世說法和聞法者的窘局嗎？

9. 試依頌七十七及七十八說明五位十地菩薩行持四攝的功德。

10. 何以說四攝攝受眾生成為自體，產生覺受是最高境界？

11. 試依頌八十總結六度四攝。

《大乘莊嚴經論》第47講

　　上幾堂已將實修無上菩提的正行——〈度攝品〉解說完畢。彌勒菩薩以制數、顯相、次第、釋名、修習、差別、攝行、治障、功德和互顯十個領域來說明六度。「數相次第名，修習差別攝，治障德互顯；度十義應知」。修行人一方面修持六度，一方面透過四攝的攝化力量令其他人和自己一樣，成就六度功德。例如以資財隨順別人的需要而攝受群眾；接著是向無知、滿腹都是邪見和疑惑的人開導，希望他們透過攝受菩薩的教言而明白六度的義理；再以身作則令他人從非福業中轉行六度，最後達到群眾都能自行行持六度的效果。「佈施將愛語，利行並同利；施平及彼說，建立亦自行」。此外，大乘無上菩提不同二乘，當中以饒益眾生和不退失菩提心，堅穩修持，是二大重要元素。爲了徹底饒益有情，就要放棄對自身和受用的

貪著；為了不退失菩提心而堅穩修持，就要放棄對自身和受用的貪著；為了不退失菩提心，就要對自他在輪迴中的顛倒行保持恆常的警覺容忍和適當的調伏。前者表現於「供養諸佛」和「親近善知識」，後者表現於以清淨無量心處世的四梵住。

供養諸佛和親近善知識都是近乎佈施，內心要以無貪和思心所作為因，例如不貪取資財受用，甚至以勞動、性命來供養諸佛和善知識。諸佛，指法身佛；因為諸佛無形相，所以要特別用般若才能知道祂身處何處，以何種形相而存在，大凡護持佛法、僧眾、木石佛像；悲憫眾生，甚至愛護地球，都可以廣義地視為供養諸佛的一種表現。確定供養的對象，就要通過思心所三部曲──審慮、決定和發動來積聚供養諸佛的善業種子。在此，世親菩薩以「深心」九個心理活動來達成供養諸佛的效果：一、感恩佛陀是味心；二、讚嘆佛陀的功德是隨喜心；三、慶幸自己有機會聽聞佛法是希望心；四、對追求佛法永不疲厭是無厭心；五、以慈悲對待一切眾生是廣大心；六、為了達致解脫而樂於修行是勝喜心；七、發菩提心救度眾生是勝利心；八、清淨無煩惱是無染心；九、定善無分別是善淨心。善知識，即是合資格的老師、法師或上師，又稱善友。末法時代很多人為求名利供養，魚目混珠；跟隨不合

資格、誤人子弟的修行人學法，損失財物事少，虛耗暇滿人身則無謂。彌勒菩薩在千五年前已預見這種加劇佛法衰亡的情況，所以提出只要善知識具備十種功德，便可親近。「調、靜、除、德增、有勇、阿含富，覺眞、善說法、悲深、離退減」。可惜末法修行人多無福德，得遇完全具足這十種功德的良師，機會實在很微。如果未有完美的機遇，斗燈黃卷，讀誦研究三藏十二部經與古人爲友，未嘗不是一個善巧的方法呢！

戊三 供養、親近、梵住

第十八 供養品

己一 〈供養品〉

彌勒菩薩在〈度攝品〉常提到修行六度，修行人先要不貪取，由於不貪取財物故能外財施，由於不貪取身命故能內財施；若這兩點都做不到，遑論其他例如持戒等度品。所以在修行的日子中，能供養諸佛，便斷除對物質資財的貪著，能不惜身命來親近善知識，就捨棄對身命享樂的追求。在解說四攝時，彌勒菩薩特別提到四攝有兩種特點：在未見道、未現證人無我、法無我時修行，攝化眾生

力量很弱；「下中上差別，如是四攝種，倍無及倍有，亦純合三益」。第二，大乘人在任何時間、任何地點，都要以令眾生成就六波羅蜜多為己任；「四攝於三世，恆時攝眾生」。但考慮到在遇上違緣作梗，剛強難化的眾生時，修行人很難避免會生起瞋惱憂欲等負面情緒；所以彌勒菩薩為眾說四梵住 —— 慈悲喜捨 —— 四種清淨平等心來對治。簡略來說，〈度攝品〉與〈供養品〉、〈親近品〉與〈梵住品〉互為體用；前者為體，後者為用。

用英譯梵本與唐譯漢文資料對讀，我以唐譯本為基本，為求通達易達，今略改頌文次序。頌一至三和頌五是略說供養，頌四是專談依上供養，頌六、七是深入分析供養，頌八是最殊勝供養。

庚一 略說供養

一一四　現前不現前，衣服飲食等，
　　　　深起善淨心，為滿於二聚，
　　　　常願生佛世，三輪不分別，
　　　　成熟諸眾生，最後十一種。

可從八個方面來分析「供養如來」的意義：一、依供

養：向現在、過去、未來諸佛作供養；二、物供養：以物質例如法袍作供養；三、緣起供養：對佛生起淨信和勝解而作出供養；四、迴向供養：為了要圓滿自身的福德和智慧兩種資糧而供養如來；五、因供養：為了不虛耗暇滿人身，所以以過去世曾供養如來的福業，祈願常生於有佛住世的年代和世界；六、智供養：供養如來時，對所供的諸佛、能供的菩薩和供養的資具，以無所住而行供養；七、田供養：不單自己供養如來，還要教導所有眾生也要供養如來，俾使增長善根；八、依止供養：做到以下十一種功德，亦等同供養如來：1. 依止物：用財物作供養；2. 依止思惟：對如來所說般若經典虔敬；3. 依止信：信大乘教法是佛說；4. 依止願：依止願菩提心；5. 依止悲：希望拔除眾生的痛苦；6. 依止忍：實修難行之忍；7. 依止行：實修六種波羅蜜多；8. 依止正念：依止佛說苦、空、無常、無我等道理，並能憶念不忘；9. 依止正見：依止見道時所證得人無我、法無我道理；10. 依止解脫：依止二乘人因斷煩惱障而得涅槃；11. 依止真實：依止佛因斷煩惱障、所知障而證得的無上菩提。能做到上述十一種依止，亦即供養諸佛如來。

世親菩薩說：「最後十一種者，謂依止供養；此依止有十一種。」意思是說：能做到下面所說十一種依止處，

即等同供養如來。這十一種依止意思如前所述，世親菩薩又說：「二者依止思惟，由依味思惟、隨喜思惟、希望思惟故。」意思是說：對諸佛所共說的大乘經典，尤其是般若法門，見為功德，這是依味思惟；能隨喜眾生供養般若經典，這是隨喜思惟；但願在未來世自他都能虔敬般若經典，這是希望思惟。

五　依、物、緣、迴向，因、智、田、依止，
　　如是八供養，供養諸如來。

　　總括供養如來的方法有依供養、物供養、緣起供養、迴向供養、因供養、智供養、田供養和依止供養八種，其中依止供養又包含了十一種等同供養如來的方法。

庚二 深入分析供養意義

　　世親菩薩說：「問供養種差別云何？」可以深入談談供養如來嗎？

六、七　因果及內外，粗細與大小，
　　　　亦遠近差別，是名供養種。

此外，供養有因果、內外、大小、劣勝、遠近的差別。因果差別，例如過去世修行人曾供養如來，所以熏有種子，今生便有供養如來的福份。現時又以供養為因，未來能供養如來為果；以因果方式安立三世所發生的供養。內外差別，供養自己身體和意表是內供養；供養法衣、妻兒是外供養。大小差別，指以飲食、臥具、衣服、藥物四事供養；禮拜等是小供養，聞思修正法是大供養。劣勝差別，指執有能供的我、所供的佛；供養之物等，這是劣供養；供養時三輪體空是勝供養。遠近差別，即時供養為近，後時供養為遠；無間供養為近，發願未來供養為遠。

世親菩薩這樣解釋遠近差別：「遠者欲後時供養，近者即今時供養；復次，隔世供養者為遠，無間供養者為近；復次，發願於未來欲供養者為遠，發願於現在即供養者為近。」一般來說，近供養是真發心，遠供養則在供養時尚有障礙；在價值上近供養勝於遠供養。

接著，彌勒菩薩以一偈談及最殊勝的供養。

八　供養諸如來，最上由自意，
　　信心通方便，和合五勝故。

最殊勝供養如來的方式有五種：一是淨信，二是安住於深心，三是神通，四是以無分別智方便攝持供養，五是和合一切菩薩力量上供諸佛，下化眾生。

淨信，相信大乘所說無形相的佛法身是最高供養處。深心，世親菩薩說：「深心者此心有九種，一、味心，二、隨喜心，三、希望心，四、無厭心，五、廣大心，六、勝喜心，七、勝利心，八、無染心，九、善淨心。」感恩佛陀是味心，讚嘆佛陀的功德是隨喜心，慶幸自己有機會聽聞佛法是希望心，對追求佛法永不疲厭是無厭心，以慈悲對待一切眾生是廣大心，為了得到解脫而樂於修行是勝喜心，發菩提心救度眾生是勝利心，清淨無煩惱是無染心，定善無分別是善淨心。「神通者，謂依虛空藏等諸三摩提故；方便者，謂無分別智方便攝故；和合者，謂一切諸大菩薩和合一果入一切果故」。所謂「和合一果入一切果」，是指若有一位菩薩在某地能供養如來，成熟眾生；則某地之一切菩薩都能和合一味，於該地共成上供諸佛、下化眾生的菩薩事業。

第十九　親近品

己二 親近善友：〈親近品〉

庚一 略說親近善友的方式

九　如前供養佛，略說有八種，
　　親近於善友，應知八亦然。

　　親近善友方式如同供養如來一樣，有八種方式：分別是一、依親近；二、物親近；三、緣起親近；四、迴向親近；五、因親近；六、智親近；七、田親近；八、依止親近。

　　第一是依親近，彌勒菩薩認為善知識只要具備十種功德，便可親近。

十　調、靜、除、德增、有勇、阿含富，
　　覺真、善說法、悲深、離退減。

　　作為善知識，因具足增上戒學，故能調伏六根；具足三摩地，故心不散亂而寂靜；具足增上慧學，故能斷除對外境的迷惑；在戒定慧的修持上應比弟子優勝；具足精進，饒益眾生時永不言倦；具足經論傳承，並非才疏學淺；能通達四聖諦和三解脫門；善能以流暢文句說法；具足大悲，非為名利供養而說法；說法的熱情永不退減。

第二是物親近，

十一 敬養及給侍，身心亦相應。

物親近有三種形式：以財物供養善知識；以根身隨侍善知識；當供養隨侍善知識時，必身恭意敬。

第三是緣起親近，

願樂及以時，下心為緣起。

智者應希望能如實了知法義，並在適當時例如善知識上座時，以恭敬心前往親近。

世親菩薩說：「緣起親近亦有三種，一者願樂，二者知時，三者除慢。」勸勉後學不要以輕蔑心、盜法心或尋找過失心去覓求善知識，同時不應在善知識禪修、用膳時請教；在前往座前先要調伏身心，切忌舉止傲慢。

第四是迴向親近，

十二　為離於貪著，為求隨順行；

因為善知識不是為了名利供養，所以弟子應以證悟無上菩提為目的而作迴向。

第五是因親近，

隨順如所教，以此令彼喜。

弟子跟隨著教授來修行，令善知識歡喜。

第六是智親近，

十三　善解於三乘，自乘令成就；

聽聞善知識講解三乘法義後，隨著自己的根器選擇其中一乘專精修行，獲取成就。

第七是田親近，

成生及淨土，

為了知道怎樣成熟無量眾生和怎樣淨障來莊嚴佛土的方法，所以親近善知識。

世親菩薩說：「田有二種；一眾生田，二佛土田。問：此二云何名田？答：自所聞法於眾生相續中而建立故，隨所住佛土修清淨因故。」意思是：從善知識聽聞如何令無量眾生斷惡行善，由此招感自他清淨種子而帶起莊嚴名言種子，圓滿莊嚴佛淨土。

第八是依止親近，

十四　為法不為財。

菩薩應以傳承善知識的教法，而不是繼承他的世間財富作為親近目的。

庚二 深入分析親近意義

十五　因果及隨法，內外與粗細，
　　　勝劣亦遠近，是謂種差別。

此外，智者親近善知識有因果、隨法、內外、粗細、

勝劣和遠近六種差別。因果差別，指以前世親近善知識為因，現在親近善知識為果；現時親近善知識為因，未來親近善知識為果。隨法差別，是隨著善知識所傳不同法門而反復串習修行。內外差別，自己本身親近善知識是內親近；介紹別人親近是外親近。粗細分別，以聽聞方式學習善知識教言的是粗，用心思惟和觀修教言達到相應的是細親近。沒有驕慢心去親近善知識是勝親近，帶有驕慢心去親近是劣親近。以這期生命或生生世世來親近善知識是近親近，發願來世或隔世來親近是遠親近。

世親菩薩說：「內外差別者，自親近為內，令他親近為外。」意思是：自身親近善知識是內親近，教導別人親近善知識是外親近。又說：「遠近差別者；現在趣中親近為近，生報趣中親近為遠；復次生報趣中親近為近，後報趣中親近為遠；復次無間親近為近，隔世親近為遠；復次願於現在親近為近，願於未來親近為遠。」大略是說：現世親近為近，來世親近是遠；又來世親近是近，再下世親近是遠；又緊接下一世親近為近，隔世親近是遠；以及發願現在就親近是近，發願將來才親近是遠。

接著，彌勒菩薩以一頌談及最殊勝的親近。

十六　親近善友勝，自意五如前，
　　　信心通方便，和合等別故。

　　最殊勝親近善知識一如上述供養如來有五種方式：一
是淨信，二是安住於深心，三是神通，四是以無分別智方
便攝持親近不同善知識，五是某處有善知識便會同該處一
切菩薩前往親近。

　　世親菩薩說：「如前供養諸佛，由五種自意故得爲最
勝。」親近善友和供養如來最殊勝的方式，一如前面頌八
所說有五種。「自意」，指自在。嚴格來說，最殊勝的供
養諸佛和親近善知識，是第八地菩薩得到神通自在後的
事，但發心後見道前的勝解行地修行人亦可隨順這方法去
做。例如「神通」一項，第八地菩薩可以透過虛空藏三昧
變現出滿虛空無數供品，用來供養諸佛親近善知識；而一
般修行人亦可透過誦習儀軌，觀想滿虛空供品供養諸佛及
傳承上師。

應用思考問題

1. 〈供養品〉、〈親近品〉、〈梵住品〉和〈度攝品〉有何關係？

2. 依彌勒菩薩看來，供養諸佛和親近善知識對修行人來說，其重要性相同。這就跟以後大乘——尤其是大乘真言乘提出的「視師如佛」提供了理論基礎。但在末法時代，善友的品質比起世親菩薩所提及起碼十種要求，相差很大；所以現代修行人切忌將善友等同佛。你對此有何看法？

3. 試依頌一至四說明供養諸佛的意義。

4. 依止思惟分依味思惟、隨喜思惟和希望思惟三種；試依世親菩薩的論釋分析。

5. 若深入分析供養的意思，供養有因果、內外、粗細、大小和遠近五種分別。試依頌六和七分別說明。

6. 彌勒菩薩提到甚麼是最殊勝的供養和親近時，就用上「自意」，即自在這個詞語；這個詞語只局限第八地觀自在菩薩來說。試依頌八和頌十六說明凡夫能否做到殊勝供養和親近。

7. 試依頌八說明五種殊勝供養如來。

8. 試依頌九簡略說明親近善知識八種意義。

9. 試依頌十及論釋說明彌勒和世親菩薩對善知識十種品質要求。

10. 若深入分析親近善知識，便發現有因果、隨法、內外、粗

細、勝劣和遠近這六種差別，試依頌十五簡述之。

11. 試依頌十六說明五種殊勝親近善知識的方法。

《大乘莊嚴經論》第48講

　　上堂提到菩薩修無上菩提法門主要的項目為六度四攝，其中佈施度具體表現為供養諸佛和親近善知識；為了確保修行人在處眾時維持清淨狀態，俾能令自己的大悲平等心日益增長；菩薩便要修持四梵住。「住」，指精神狀態；「梵」，指清淨；當凡夫修行人在世俗中處眾，又甚至是高階菩薩，例如證得無生法忍的清涼地菩薩，無論何時何地，在面對不同品類的眾生時，均要時刻保持慈悲喜捨的清淨狀態，這就是「梵住」。例如以慈心對待求樂的眾生，以悲心對待具苦的眾生，以喜心隨喜自他一切善行，修行人要時刻保持歡喜心；以捨心，所謂萬緣放下來平等對待能引起煩惱的親人及怨敵。此外，還要將有關修持梵住的大乘義理教導眾生，這就是以梵住緣法。當菩薩次第完成緣眾生、緣法這兩個修持項目而得穩固時，祂便

證得無生法忍，進而作緣無之修煉。「無」，指以無自性為相用的真如。由於修行人見道後所緣的是無所得和無分別的真如境，修到第八地時，成熟無生法忍，信受通達諸法包括一切眾生，甚至煩惱畢竟不生。這時菩薩身業和語業清淨，在根境相連與及緣無的狀況下，菩薩最細微的煩惱和習氣亦因此徹底斷除。「及彼如義故，忍位得清淨；身口業所攝，亦盡諸煩惱」。

修成四梵住能令菩提日長；相反，假若修行人失壞梵住心，他在修行道上可真會遇上嚴重考驗；他將變成一個歹毒、喜歡使用暴力、終日憂心忡忡的人，更因執著對親怨的貪愛和抗拒，恆常為煩惱所纏；因此現世會遇上三害：自害、害他和戒害；而且更由於戒害而受到六種的呵責，包括因懊悔自己惡行而自呵責，因聲名受損而失去恭敬利養的他呵責，善神也不再擁護他而遭天呵責。如果他是出家人，僧團會依戒律而擯棄他，師父也會離棄他，社會各方人士也說他的壞話。除了現世出現障難外，來世亦會有三種過患：一是下墮惡趣，二是因退失誓言，修行所得的功德大打折扣，三是內心常受痛苦折磨。

第二十　梵住品

己三 修持四梵住:〈梵住品〉

庚一 總說四梵住

辛一 本質

十七　梵住有四種，一一有四相；
　　　治障與合智，轉境及成生。

　　菩薩的清淨精神狀態有四種，即慈悲喜捨之四梵住心；而每種梵住心分別有四種性質：對治煩惱的治障，得無分智為助伴的合智，活動於眾生、法和無三種所緣境的轉境，和成熟眾生的成生。

　　四梵住又稱四梵住心。世親菩薩解釋轉境說:「由眾生緣、法緣、無緣故。」意思是說:四梵住對待四種眾生，包括求樂眾生、有苦眾生、具喜眾生和煩惱眾生，這是眾生緣；以四梵住的大乘經教諭眾生，這是法緣；於一切法無分別，這是無緣。

　　四梵住最基本和淺白可這樣解釋:「在任何情況下，時刻都願自他獲得幸福，悲憫自己和別人，隨喜自他的善

行，和放下應捨棄的事物。」

辛二 所緣境

十八 樂苦喜煩惱，如是眾生緣，
　　　法緣說彼法，無緣即彼如。

　　堅穩菩薩以四梵住對待有樂眾生聚、有苦眾生聚、具喜眾生聚和煩惱眾生聚，就是緣眾生。菩薩透過大乘經論宣說四梵住，就是緣法。菩薩以無分別智行持諸法平等無分別的真如，就是緣無。

　　當大乘修行人不斷以四梵住緣四種有情和緣法；到了見道遺除二取之後，再修煉到第八地時所緣境轉入緣無，這才是達致爐火純青的階段。

十九 　及彼如義故，忍位得清淨，
　　　身口業所攝，亦盡諸煩惱。

　　由於修行見道後，所緣的是無所得和無分別的真如境，修到第八地時成熟無生法忍，信受通達諸法包括一切眾生甚至煩惱畢竟不生，無礙不退；菩薩的清淨五蘊身中

等流而出的身業、語業，因為根境相連的關係，所以在緣無的狀況下，眾生和煩惱亦畢竟不生；由這緣故，最細微的煩惱和習氣便徹底斷除。

世親菩薩深入地介紹修行四梵住最高境界——緣無，以慈梵住心為例說：「無緣慈者，以如緣故；八地無生法忍時得，一切善根亦得圓滿；彼清淨故。及慈所依身口二業所攝者，諸煩惱亦盡；如煩惱所緣，說意自體諸煩惱斷，斷所緣故。如是修多羅中說。」修多羅，指《大般若經》。文字意思是：無緣慈有四種含義：一、所緣的是無所得的真如境界；二、於第八地修煉無生法忍（註釋232）成熟時，斷除所有障礙四梵住生起的煩惱，從而令一切善根清淨；三、由於第八地菩薩清淨五蘊身等流而出身語二業清淨，在根境相連、互相滲透下，所面對的眾生和煩惱亦得清淨；四、由是眾生和煩惱清淨，畢竟不生；故最細微的煩惱亦因而斷除。

辛三 差別

二十　有動及不動，亦啖亦不啖，
　　　應知四梵住，如是行差別。

四梵住有四種活動狀態差別：會因退轉而動搖，因住無分別而不動搖；因貪著喜樂的感受而染污，及不貪著喜樂感受而不染污。菩薩應住於不動搖及不染污。

「行差別」，指不同種類的活動狀態。世親菩薩說：「動者退分……啖者染污……諸菩薩住不動及不啖中，不住於動及啖中。」不動，是指菩薩以無分別智攝持四梵住的活動，故因無所得而不動搖、不退失；此外，菩薩雖得四梵住三摩地，但不貪受其中三摩地所產生的喜樂，故四梵住不受染污。

世親菩薩再問：「問梵住種差別云何？」種差別，指四梵住的品質高低差別。彌勒菩薩在此說明四梵住在品質高低上的差別，及菩薩應如何抉擇。

二十一　前六及前二，下地亦下心；
　　　　相似等為下，翻下則為上。

四梵住，若依修行人生命和修行質素高下來分：欲界未入根本定的梵住為下定，色界和無色界入根本定為上定；見道後前七地為下地，第八地為上地；二乘人及未圓滿無生法忍的菩薩為下心，三淨地菩薩為上心。上定、下

定，上地、下地和上心、下心都是互相觀待，後後勝於前前。菩薩應選擇入根本定的上定，離我慢心的上地和上心來修四梵住。

「前六」，指欲界六欲天未得根本定的梵住心；「前二」，指雖得根本定，但修煉猶未到家的梵眾天和梵輔天的梵住心；「下地」，指大乘修道位前七地；「下心」，指二乘人的梵住心；「相似」，指未得無生法忍的菩薩（註釋233）。前六、前二、下地、下心和相似這五類修行人的四梵行，都列為下等，菩薩不應效法。相對來說，修行人應該效法上定、上地、上心和得無生法忍而修四梵住。

辛四 果

二十二　所生欲界報，滿聚亦成生；
　　　　不離及離障，具足五為果。

修持四梵住心能得五種果報，為令有情而受生於欲界是異熟果，福德智慧圓滿是增上果，成熟眾生是士用果，生生世世都不離串習四無量心是等流果，投生之處永遠離開一切瞋怨障難是離繫果。

唐譯將五果譯作：果報果、增上果、丈夫果、依果和相離果。新譯依次為異熟果、增上果、士用果、等流果和離繫果。（註釋234）

修持四梵住菩薩有何證量？

二十三　設遇重障緣，及以自放逸，
　　　　　欲知菩薩相，梵心無退轉。

即使菩薩遇上重大的障難，又或因自身放逸而令對治煩惱不能現起，行持四梵住的心仍舊不會退減，這就是菩薩修持四梵住的證量。

辛五 修持上的障礙

二十四　四梵有四障，瞋、惱、憂、欲故，
　　　　　菩薩具此障，多種過失起。

修持四梵住會遇上四種障礙，依次序是惡毒、暴力、不欲自他快樂和沉溺在引起煩惱的親怨關係；菩薩不對治這些障礙，將引致以下多種過失。

世親菩薩說：「彼四梵所對治具有四障，如其次第，一瞋二惱三憂四欲。」慈能與眾生樂，但惡毒心令慈心退失；悲能拔濟眾生，但以暴力對待眾生令悲心退失；歡喜心能隨喜眾生，但不欲自他歡喜令喜心退失；未能遠離執愛引起煩惱的親怨眾生時，令捨心退失。換言之，退失慈心會對眾生生起惡毒心，退失悲心會以暴力對待眾生，退失喜心會令菩薩終日悶悶不樂，退失捨心會令菩薩對親怨眾生生起貪瞋的偏執。

接著，彌勒菩薩說不能對治障礙會產生三類過失。

二十五　如是諸煩惱，起則有三害；
　　　　自害亦害彼，及以尸羅害。
　　　　有悔亦失利，失護及

若果菩薩退失四梵住，三種禍害隨則產生：因招感痛苦而自害；傷害別人生命財產而害他；因傷害自他而破損戒律，就是尸羅害。由於尸羅害而備受六種呵責：一、因懊悔自己惡行而自呵責；二、因名聲受損而失去利養是他呵責；三、善神不再擁護他而遭天呵責；

二十六　　　　師捨，並治罰惡名，
　　　　　　如是六呵責。後身諸難墮，
　　　　　　梵住今亦退，心數大苦得，
　　　　　　復次三過生。

　　四、師長們離棄他而遭師呵責；五、梵行道友們亦依
戒律而治罰他，是梵行呵責；六、社會各階層散播他的惡
行，是十方人的呵責。除此之外，失壞梵住者，未來世亦
得三種過患：一是墮難：因造作惡業而招感來世苦難；二
是退失，因退失梵住而使梵住功德退減，甚至不能復得；
三是苦生：心中生起難忍的痛苦。

註釋

232. 《大般若經‧卷四四九》云：「如是不退轉菩薩，以自相空，觀一切法，已入菩薩正性離生，及至不見少法可得，不可得故，無所造作，無所造作故，畢竟不生。畢竟不生故，名無生法忍。」正性離生，正者聖也，有聖人的品性；生者生硬也，與熟煉相反。見道菩薩能以無漏智斷除分別煩惱後，熟煉地經八地修持對治俱生煩惱，無生法忍於八地臻成熟。

233. 世親菩薩說：「相似亦為下，謂未得無生法忍菩薩故。」由於初地至七地的菩薩無生法忍未成熟，煩惱習氣亦未完全清淨，仍有不同程度的欲望、慢心和煩惱障，所以仍是下地和下心。

234. 五果指（一）異熟果：以惡業招感來世三惡道之苦果，以善果招感來世人天樂果；果性為無記。（二）增上果：依助業之增上力所生的結果。（三）士用果：使用工具所造作的結果，如農夫以鋤犁而得穀物。（四）等流果：依前之善心而輾轉成後之善心，依前之惡心而輾轉成後之惡心，依前之無記而生後之無記。（五）離繫果：繫指煩惱，涅槃離一切之繫縛，故名離繫。

應用思考問題

1. 試依頌十八說明四梵住的三種所緣境。

2. 何謂緣無？為何修持四梵住要到達第八地成熟無生法忍才是爐火純青的階段？緣無的結果為何可斷除最微細的煩惱？

3. 菩薩應住無分別和不貪喜樂而令四梵住不動搖和不受染污，試依頌二十說明。

4. 請依頌二十一說明何種梵住的品質為上品，何種為下品。

5. 試參考《俱舍論‧卷六》，以白話解釋五果和以自己文字白話解釋頌二十二提到修持四梵住所得五果的功德。

6. 如何知道菩薩的四梵住達到不退轉階段？試依頌二十三說明。

7. 試述修持四梵住的障礙，依頌二十四說明。

8. 如果退失四梵住，菩薩除了令自他受到傷害，亦很容易毀犯戒律，試依頌二十五說明。

9. 由於退失四梵住，所以容易毀犯戒律，受到六種呵責，試依頌二十五說明。

10. 退失四梵住，不但令菩薩現世受害，來世亦不能幸免障難隨生，試依頌二十六說明三過。

《大乘莊嚴經論》第49講

　　上堂提到菩薩在修習六度四攝，廣積無量福慧資糧時，於所緣境要以正知正念來保持清淨心態，例如緣眾生時，要以慈悲喜捨與求樂、具苦、歡喜和親怨四類眾生結善緣；又例如緣法時，以依大乘經典有關四梵住的義理曉喻眾生；最後當修煉無生法忍火候成熟，便以緣無來看待真如境，藉以斷除自身最微細的煩惱習氣。「及彼如義故，忍位得清淨；身口業所攝，亦盡諸煩惱」。最後，彌勒菩薩指出，不善修或退失四梵住的修行人，會承受三害、六呵責，甚至來世下墮惡趣，內心常受痛苦折磨和修行功德大打折扣的苦果。相反，時常安住於四梵住的修行人，會遠離一切惡業，生生世世的生命不受染污，亦不會因捨棄眾生而退失菩提心。「善住梵住人，遠離彼諸惡；生死不能污，不捨濟群生」。

由於大悲心在四梵住的修持上舉足輕重，所以彌勒菩薩接著深入分析大悲心。以前我傳講《入中論》時，月稱菩薩提到成佛三因——大悲心、菩提心和無二慧中，最重要的就是大悲心，如云：「悲性於佛廣大果，初猶種子長如水，常時受用若成熟，故我先讚大悲心。」而彌勒菩薩提到大悲心能斷除修行上一切障難，能令自他一切有情覺醒，能令自他一切有情獲得人天樂果，令菩薩所願成真，並能生生世世行持大悲，所以大悲心能令修行人更接近無上菩提。「障斷及覺因，與樂亦愛果，自流五依故，是人去佛近」。不單如此，大乘修行人本著大悲心，能成就佛的無住涅槃。因為修行人以理性的般若看清生死輪迴的性相是無自性和痛苦；另一方面卻以感性的大悲心欲拯救輪迴父母而不厭離生死；雖然生死的本質是痛苦，但菩薩能掌握擺脫痛苦的方法，所以恆常修習起苦而離苦；亦不覺得流轉生死是件厭煩的事。「生死苦為體，及以無我性；不厭亦不惱，大悲勝覺故。見苦自性時，知苦生悲苦；亦知捨方便，恆修不厭生」。最後，彌勒菩薩以娑婆大樹為喻，說明修大悲心的六種助緣：以大悲為根，以安忍為莖，以終日思惟如何利益眾生為枝，以發願人人皆能勝生安樂為業，以終獲人天樂果為花，以成熟眾生為果。「悲忍思願生，成熟次第說；大根至大果，悲樹六事成」。

辛六 功德

二十七　善住梵住人，遠離彼諸惡；
　　　　生死不能污，不捨濟群生。

　　時常安住於四梵住精神狀況的人，遠離一切惡業，生生世世的生命不受染污；亦不會捨棄無量眾生。

　　設問：如何了知四梵住功德最尊最上？彌勒菩薩舉一譬喻說：

二十八　如人有一子，有德生極愛，
　　　　菩薩於一切，起梵勝過彼。

　　譬如父親很疼愛德行很好的獨子，但這種疼愛之情遠不及菩薩對眾生生起無量慈悲喜捨之心。

庚二 別說悲心

辛一 所緣

二十九　熾然及怨勝，苦逼亦闇覆，
　　　　住險將大縛，

　　菩薩以大悲心對待十類眾生：一、貪欲熾然者；二、
修善時常遇魔障者；三、生在三惡道為苦所逼者；四、恆
時造惡不知苦果隨身者；五、沈溺輪迴不知出離者；六、
雖欲求解脫但為邪見所縛之外道；

三十　　食毒並失道，復有非道住，
　　　　及以瘦澀者；如此十眾生，
　　　　大悲心所緣。

　　七、如貪著有毒美食般味著禪樂者；八、以迷謬方法
顛倒地修持戒行之增上慢人；九、有機會修大乘的不定種
性人，卻樂修二乘者；十、未能圓滿福慧資糧的大乘者。

　　世親菩薩詳細說明菩薩以大悲心所悲憫的十種眾生。
「一是熾然眾生，謂樂著欲染者；二是怨勝眾生，謂修
善時為魔障礙者；三是苦逼眾生，謂在三塗（註釋235）
者；四是闇覆眾生，謂恆行不善者；五是住險眾生，謂不
樂涅槃者，由生死險道不斷絕故；六是大縛眾生，謂外道
僻見者，由欲向解脫為種種僻見堅縛所縛故；七是食毒眾

生，謂啖定味者，譬如美食雜毒則能害人，善定亦爾，爲貪所著則便退失；八是失道眾生，謂增上慢者，由於眞實解脫道中而迷謬故；九是非道住眾生，謂於下乘不定者，由有退故；十是瘦澀眾生，謂諸菩薩於二聚未滿者。」

辛二 果

三十一　障斷及覺因，與樂亦愛果，
　　　　自流五依故，是人去佛近。

　　大悲心能斷除一切障難，這是離繫果；能令眾生覺醒，這是增上果；能令眾生遠離痛苦，獲得天人安樂，這是士用果；令菩薩所願成真，這是異熟果；生生世世持續生起大悲心，這是等流果。菩薩行持大悲能招引這五種果報，所以離開成就無上菩提不遠。

　　障斷，即離繫果；覺因，是增上果；與樂，是士用果；愛果，即異熟果；自流，是等流果。

辛三 作用

三十二　生死苦為體，及以無我性，

不厭亦不惱，大悲勝覺故。

生死輪迴的本質和活動狀態是痛苦和無自性，菩薩覺知這種真相後，因具足大悲，欲救拔輪迴父母而不厭離輪迴；因具足智慧而在輪迴中不受煩惱所傷害。

世親菩薩解釋大乘人不住涅槃，亦不住生死的原因說：「一切生死以苦爲體，以無我爲性。菩薩於苦得如實知，於無我得無上覺。如是得知覺已，由大悲故於生死不生厭離；由勝覺故亦不爲煩惱所惱。是故菩薩得不住涅槃，亦不住生死。」惱，指損害；無我，指無自性（註釋236）；勝覺，指般若。

三十三　見苦自性時，知苦生悲苦；
　　　　　亦知捨方便，恆修不厭生。

菩薩了知生死的本質是痛苦，見眾生被痛苦纏縛而生起大悲。菩薩知道擺脫痛苦的方法，故此恆常修習離苦而不會厭煩。

辛四 內容差別

三十四　自性與數擇，宿習及障斷；
　　　　應知菩薩悲，如此四差別。

　　菩薩大悲有四種內容差別：一、菩薩本質上具足大
悲；二、菩薩見眾生為無明顛倒，執苦為樂而生大悲；
三、菩薩因過去世持續修習而具足大悲；四、菩薩斷除煩
惱障而獲清淨的生命。

辛五 深入分析大悲

三十五　非等亦非常，非深亦非順，
　　　　非道非不得，翻六悲如是。

　　非平等、非恆常、非深極、非隨順、非淨道、非不得
的悲心就不是大悲；相反來說，具足等、常、深、順、淨
道和不得這六種大悲心特性的人，就是真菩薩。

　　世親菩薩說：「平等者，於樂受等眾生所有諸受皆知
是苦故；常恆者，乃至無餘涅槃亦無盡故；深極者，入
地諸菩薩得自他平等故；隨順者，於一切眾生苦如理拔
濟故；淨道者，所對治惱害得斷除故；不得者，得無生法
忍時，諸法不可得故。」意思是說：具平等者，在諸法平

等中，菩薩知所有輪迴眾生無論遇到苦受、樂受，他們的生命都同樣是以苦為本質；具恆常者，菩薩即使入無餘涅槃，祂的大悲心都不會終止，恆常活動；具深極者，見道後菩薩均能證知自他平等的道理；具隨順者，隨順著大悲心，菩薩均能自然而然地救拔一切苦難的眾生；淨道者，能斷除障礙大悲心生起的惱害心；具不得者，成熟無生法忍的菩薩能知諸法均不可得。

接著，彌勒菩薩以樹為喻，說明大悲心是由甚麼助緣而成。

三十六 悲、忍、思、願、生，成熟次第說；
　　　　大根至大果，悲樹六事成。

大悲妙樹以六種東西組成：以大悲為根，以安忍為莖，以終日思惟如何利益眾生為枝，以發願人人皆能安樂地過活為葉，以終獲人天樂果為花，以成熟眾生為果。

三十七、三十八 無悲則無忍，如是六次第；
　　　　　　　　勝生若不得，成熟眾生無。

若果沒有大悲便不能忍辱；如此類推，若得不到勝生

樂果，是無法成熟眾生的。換言之，沒有利益眾生的大悲心，就沒有求生美滿生活環境的願望，更不會為了成熟眾生而歷劫修行。

如果要這棵大悲樹枝葉茂盛、果實纍纍，栽種時要注意些甚麼細節呢？

三十九、四十　　根生以慈潤，莖擢以樂廣，

念正則增枝，願續則長葉；

內緣成為華，外緣成為果；

當知悲根等，如是次第成。

有慈愛之心的修行人一旦見到眾生受苦，便生起悲心；慈水能令大悲樹根不斷增長。為了令樹體抽芽茁壯，菩薩修煉廣大安忍而樂見眾生離苦得樂；所以安忍為樹莖。為了令樹枝高下四布，疏密有致，菩薩恆時以正念思惟如何利益眾生；所以正念思惟為樹枝。為了令樹葉繁茂蔭蔚，菩薩希望自他能生生世世投生在殊勝的生活環境中，這一期生命終結，迎來更美好的下一世；猶如葉落後新葉重新長出，美滿人生持續增長。菩薩自身內緣成熟，享受圓滿勝生安樂，故以勝生安樂為花。菩薩利益眾生外緣成熟，故以成熟眾生為果。這就是大悲樹次第茁壯成長

的因緣。

註釋

235. 三塗：即三惡道。地獄道是火塗，受烈火煎熬；餓鬼是刀塗，生活在四周有如刀鋒的壓迫恐懼下；傍生是血塗，弱肉強食下，大多要以流血至死亡。

236. 無我：古代漢譯將「梵我」略譯為我，意為具獨立性的超凡、完整生命體；具造作和感受的功能。我，有二種：將輪迴主體的我，譯為人我；法的自性，譯為法我。「自性」本論譯為自體，指所有東西自身具備一種由自體形成，自身決定，恆常不變，完全脫離外在環境的獨立封閉存在形態；但佛現證無上菩提時，發現真如具有人無我、法無我的性質。同樣，佛在現證無上菩提時，發現無自性是諸法實相的道理。

應用思考問題

1. 修持四梵住的行者有何功德？為何説菩薩對眾生生起四梵住心，遠勝於俗世父親愛護獨子之情？試依頌二十七及二十八説明。

2. 菩薩以大悲心面對十類眾生，試依頌二十九及三十説明。

3. 大悲心招感五種果報，試依頌三十一分別述之。

4. 修行大乘的核心就是大悲心和般若智；圓滿成熟時，就令菩薩對生死「不厭亦不惱」，試申言之。

5. 何謂「無我」？何謂「無自性」？何謂人無我、法無我？我們在甚麼時候才放下疑心，堅信佛在經典上提到自己現證無上菩提，真如具有「人無我」、「法無我」的特徵呢？

6. 為甚麼説「生死苦為體，及以無我性」？試依頌三十二闡述之。

7. 如果淺略分析大悲心的內涵，可分為自性、數擇、宿習和障斷四種，試依頌三十四略述之。

8. 彌勒菩薩以大悲心是否具有等、常、深、順、淨道和不得六點來衡量大悲心的真假，試依頌三十五説明。

9. 彌勒菩薩以悲、忍、思、願、生、成熟六種元素構成大悲樹，試依頌三十六説明。

10. 試依頌三十七、三十八説明大悲樹六種組成元素之間的關係。

11. 要大悲樹枝葉茂盛、果實纍纍，在栽培發展上我們要注意
    些甚麼細節呢？

《大乘莊嚴經論》第50講

　　在修持無上菩提正行時，彌勒菩薩提出了外修供養諸佛和親近善知識。內修，用理智意識來培養出以般若為主的六度四攝，不單自己要淨圓般若六度，還要成熟有緣眾生淨圓般若六度。密修，就是以慈悲喜捨四種清淨平等心，成熟自己對受苦受難的眾生所懷抱著情不自禁之同情的那份感性大悲心。當大悲心與佈施和安忍結合成牢不可破的金剛力量時，就能摧破任何的魔難。

　　在慈悲喜捨四梵住中，最重要的自然是大悲心，所以自古以來，印度大乘傳統都認為成佛三因——大悲心、菩提心和無分別般若智三者中，大悲心對成就無上菩提法門，起了舉足輕重的作用；大悲心的作用可細分為悲苦、悲忍和悲施三種。跟凡夫一樣，初基菩薩行持利他，在擔

承眾生的痛苦時，確實害怕痛苦；畢竟貪生怕死是輪迴生死的眾生的天性啊！但修行人為了落實菩提心，即使遇上苦事，亦不會覺得苦，更選擇勇於面對和接受痛苦。這種將恐懼情緒轉化成為心靈上得到極度快樂的現象，我們稱為「起苦」或「悲苦」；「捨身尚不苦，何況餘財物，出世喜得故，起苦是無上」。「得悲諸菩薩，捨苦而起苦；彼初起苦怖，證時欣樂甚」。而正正就是因為菩薩能起苦，當這種悲苦結合財施、法施和無畏施時，我們稱之為悲施；據說在修持悲施時，菩薩所得的快樂，遠超乎欲界的五欲樂和色界、無色界的種種禪悅喜樂，所謂「施與悲共起，能令菩薩樂；三界中樂受，比此無一分」。大悲心除了與佈施結合而增強無比力量外，堅穩的菩薩更能以安忍力令大悲心日益增長。由於生死的自性是苦，菩薩因悲憫眾生而不捨生死；為了利益眾生而修煉安忍，這是菩薩時刻能處於大悲利生無休息之狀態的唯一便利方法；「生死苦自性，不捨由悲故，起苦利他因，云何捨不習」？

最後，彌勒菩薩提到增長大悲心的兩種功德——障盡和過世。生死輪迴令人生起的痛苦如大海般無窮無盡，黯闇無明令人活在黑暗中無望見到光明，而大悲心恰恰是拔濟痛苦和絕望的便利方法。所以，無執的大悲心能盡除生死輪迴的障礙。「有苦及無智，大海及大闇；拔濟以方

便，云何不障盡」？就算是二乘中的賢聖——阿羅漢和辟支佛尚且缺乏菩薩的大悲心，更何況是世間凡夫呢？所以具有大悲心的修行人，必能獲得超越世間的成就。「羅漢及緣覺，如是悲愛無；何況餘世間！豈得不過世」。

辛六 讚歎大悲心之功德

壬一 三種功德差別

四十一　大悲利益作，誰於他不起？
　　　　　　於苦勝樂生，樂生由悲故。

　雖然具足大悲心的菩薩為了利益眾生而承受不少痛苦，但是因為大悲心最終可以成熟眾生，菩薩是不會覺得苦的，反而生起無限的快樂。

　世親菩薩說：「已讚大悲功德，次說大悲無著！」無著，指無貪著。

四十二　菩薩悲自在，寂靜尚不住，
　　　　　　世樂及身命，此愛云何起？

世人貪愛世間欲樂及自己身命，二乘人喜愛住於涅槃。菩薩大悲自在，於涅槃尚且不住；更何況是貪愛塵世欲樂和身命？

世親菩薩說：「一切世間皆愛世樂及自身命；一切聲聞緣覺雖不愛世樂及自身命，而於涅槃起住著意。菩薩不爾，大悲自在故，於涅槃尚不住，何況住彼二愛中。」二愛，指世俗人貪愛五欲樂和自己身命。

接著說大悲的兩點殊勝——障盡和過世。障盡，即盡除障礙；過世，即超越世間。愛勝，指大悲心是一種殊勝的大愛，不是一般世人對眷屬的小愛。

四十三　貪愛非無障，世悲亦世間；
**　　　　菩薩悲愛起，障盡亦過世。**

世俗的貪愛並非無障礙，有我執的悲心仍屬於世間法。菩薩的殊勝大悲心卻能超越世間，毫無障礙。

四十四　有苦及無智，大海及大闇；
**　　　　拔濟以方便，云何不障盡？**

生死輪迴令人生起的痛苦如大海般無窮無盡；無明障蔽智慧，令人活在黑暗中無望見得到光明。大悲心就是拔濟痛苦和絕望的便利方法；所以說無執著的大悲心能盡除生死輪迴的障礙。

四十五　羅漢及緣覺，如是悲愛無；
**　　　　何況餘世間！豈得不過世。**

阿羅漢和辟支佛等賢聖尚且沒有大悲心，更何況是世間凡夫呢？所以具有大悲心的修行人，必能獲得超越世間的成就。

壬二 證悟大悲心的特徵

四十六　得悲諸菩薩，捨苦而起苦。
**　　　　彼初起苦怖，證時欣樂甚。**

起初未見道的大悲菩薩發願代替眾生苦難而甘願承受痛苦，這時，祂確實也害怕痛苦。但當祂證得自他平等和苦的真實法性後，即使面對痛苦，亦能獲得極度的快樂。

此頌說明了大悲無厭，意指大悲菩薩不會逃避，甚至

亦不會厭惡自己為眾生而承擔痛苦。世親菩薩說：「捨苦者，謂諸菩薩以大悲故欲捨他苦；而起苦者，由捨他苦則起自苦。」意指初基菩薩發願為代替眾生苦難而自己甘受痛苦。「彼初起苦怖者，彼初謂信行地菩薩；彼於起苦中而生怯怖，由自他平等未見故，由苦如實未觸故」。信行地是勝解地或資糧位、加行位的同義詞。未見道的勝解行地修行人，最初也會擔心自己是否有能力接受痛苦的折磨；及至把觸真如，證悟苦的法性和自他平等二種道理時，能於起苦中生起喜樂。

接著說大悲苦。

四十七　悲苦最希有，苦勝一切樂；
　　　　　更樂悲生故，辦非有況餘？

菩薩由大悲心願代眾生受苦——這種大悲苦最是稀有，勝過世間的一切安樂。由大悲苦所產生的喜樂尤更殊勝，因為就算是已成辦涅槃安樂的阿羅漢尚且沒有這種喜樂，何況是世間仍流轉生死的凡夫呢？

接著說大悲施。

四十八　施與悲共起，能令菩薩樂，

　　　　三界中樂受，比此無一分。

　　大悲心和佈施共同生起，能令菩薩得到殊勝的安樂；就算是三界中任何的安樂，相比起悲施所得的安樂，遠不及其十分之一。

　　接著說大悲忍苦。

四十九　生死苦自性，不捨由悲故；

　　　　起苦利他因，云何捨不習？

　　生死的自性是苦，菩薩因悲憫眾生而不捨生死；為了利益眾生，菩薩修煉安忍而住於大悲苦中；既然悲忍能利益眾生，為何菩薩會捨棄這種便利方法呢？

　　接著說大悲施的果報。

五十　悲施財三果，悲者恆增長，

　　　　愛生及攝生，資生復三樂。

　　菩薩大悲施能增長三果——增悲、增施與增財；由此

三果復生起三樂：由悲憫眾生而得愛生樂，由施幫助眾生而得攝生樂，由自身增財復令福德茁壯而得資生樂。

五十一　「悲長及施增，成生亦樂起；
　　　　　　　牽來復將去！」大悲勸如是。

大悲心對菩薩說：「修持悲施吧！這樣會令悲心滋長，這樣會令佈施增上，這樣會成熟眾生，這樣會令內心安樂，這樣會圓滿福慧資糧，這樣會趨近無上菩提！」

五十二　苦者悲諸苦，不施云何樂？
　　　　　　以令自樂故，施樂拔他苦。

大悲菩薩見到別人受苦，自己不期然生起悲苦；若不以悲施救拔，別人怎能離苦得樂呢？不能拔濟別人的痛苦，自己又怎會安樂呢？所以菩薩以悲施令別人離苦得樂，這樣才會令自己活得安樂。

以上說明了菩薩行持悲施令自他皆離苦得樂的道理。

應用思考問題

1. 在四梵住中，彌勒菩薩認為大悲心尤其重要，所以〈梵住品〉由頌二十九起，一直至頌六十四都在描述大悲心。試就大悲心的自性、因、果、作用、種類和功德分析大悲心的各個層面。

2. 大悲心主要體現在菩薩無私的大愛，而不同於世俗的小愛。這種大愛建基於菩薩了知世間的苦性和無自性，從而悲憫自己和一切如母有情而來。試依頌四十二說明。

3. 為甚麼菩薩在利他時，縱遇上苦事亦不覺得苦，而且更選擇勇於面對痛苦？試依頌四十一說明。

4. 我們常稱讚菩薩的大悲有障盡和過世的殊勝功德。試依頌四十三、四十四和四十五說明。

5. 跟凡人一樣，初基菩薩在利他時擔承眾人的痛苦，其實也害怕痛苦；這種願為眾生受苦的心稱為「悲苦」。但為甚麼祂最終也能轉化這種恐懼情緒，即使面對痛苦亦獲得極度的快樂呢？試依頌四十六、四十七說明。

6. 大悲心結合財施、法施和無畏施，我們稱為悲施；據說悲施所得的快樂，遠超三界任何形式的快樂。試依頌四十八及五十說明悲施的功德和果報。

7. 菩薩除了以大悲心結合佈施外，還以大悲心結合安忍，亦是利他的便利方法。試依頌四十九說明。

8. 修行悲施除了招感增悲、增施和增財三果外；尚能獲得愛

生樂、攝生樂和資生樂三樂；試依頌五十說明。

9. 當大乘修行人遇上障難險道，快失去信心時，大悲心就會鼓勵你，和失意的你直接對話。試以白話翻譯頌五十一，並串習背頌之。

10. 試依頌五十二解釋：只有悲施才是自他安樂的唯一便利方法。

《大乘莊嚴經論》第51講

　　在唐譯本中的〈供養品〉、〈親近品〉和〈梵住品〉，各自獨立爲三章，是論中的第十八、十九和二十品；梵本卻集爲一品，共六十六頌。情況就如前述〈緣起品〉和〈成宗品〉一樣，各自成章，成爲第一和第二品；但梵本卻將這二品合爲一品，共二十一頌。在此之後，唐譯本亦將〈行住品〉、〈敬佛品〉分爲二品，梵本卻集爲一品。因此，《大乘莊嚴經論》梵文本合共二十一品，唐譯本合共二十四品。大家同時亦注意到，梵本有將密不可分關係的章節集爲一品的傾向；很明顯，供養諸佛、親近善知識和四梵住，就是有著密不可分的關係。我個人認爲：跟〈度攝品〉一樣，〈供養品〉、〈親近品〉和〈梵住品〉同樣可視爲實修獲證無上菩提的法門；兩者雖有關係，但實修過程中，後者比較獨立。正如頌六十六所說：

「如是於世尊，生起清淨信，以物大恭敬，具極相續供；恆依具眾德，能利善知識，悲憫於眾生，當得諸成就。」依安慧論師的解釋：供養諸佛和親近依止善知識是自利方法，而四梵住主要是成辦利他；併合三者，再以自利利他的方法修行，就能獲得以無上菩提為主的世、出世一切成就。

今堂，彌勒菩薩繼續說到悲苦、悲忍和悲施──形成大悲心的三個作用導向；尤其悲施，大悲心與佈施一同起作用，更是修行人不可欠缺的德性。「悲施不求自身安樂，亦不願接受佈施所帶來的樂果，更將這些樂果再用作佈施。如果沒有將佈施所得的樂果再行佈施，那麼自己不是真正喜歡佈施。不保留佈施之物和佈施的樂果，一概都佈施給一切眾生；大悲菩薩知道若眾生得安樂，自身才會得到安樂。祂不會將財富看得過重，財富只應用作佈施；這樣慷慨佈施，大悲菩薩雖不求財而財自來，並且招來的財富會更廣大、更豐足。如此，大悲菩薩便有源源不斷的財富用作佈施。如果有一刻沒有生起佈施之心，就不是真正的悲施。再者，要平等悲施；如果對於不報恩的就不給予佈施，對預期會報恩的人才去佈施；這種佈施就只是一項觀待得失的交易活動，不是真正的悲施，更不是大悲菩薩所為」。這就是彌勒菩薩教導我們悲施的主要訓示。而

更重要的是，彌勒菩薩提出悲施還要兼顧一點，就是佈施時不能侵損自己和眷屬基本的財資受用。最後，彌勒菩薩提到大悲心要以達到平等方是殊勝，所以我們常以大悲平等心來形容大悲心！「行相及思惟，隨順與離障，不得亦清淨，六義悲平等」。

五十三　悲者教自施：「施彼勿自求，施報願不受，有願還以施。」

大悲菩薩會教誡自己如何佈施：「悲施不求自身安樂，亦不願接受佈施所帶來的樂果，會將這些樂果再用作佈施。」

五十四　「施及於施果，普施於一切，彼樂我樂故，施彼我無須。」

「自己不保留佈施之物和佈施的樂果，一概都佈施給一切眾生，大悲菩薩令眾生得安樂，自身才得到安樂。」

五十五　「輕財而以施，來多復來好，不用而自來，還用輾轉施。」

「不要將財富看得過重，它只應用於佈施；這樣慷慨佈施，大悲菩薩雖不求財而財自來，而且招來的財富更廣大、更豐足。就是這樣，大悲菩薩有源源不斷反復到來的財富，再用作佈施。」

五十六 「悲者以大悲，盡施及常施，
應作如是施，慎勿求施果！」

「大悲菩薩本著悲苦、悲忍的精神而無間、無餘地佈施，慎勿希求佈施果報。」

世親菩薩說：「此偈教行無間施應知！」

五十七 「若我不樂施，施果不施時；
施無一刹那，以無施愛故。」

「如果我沒有將佈施所得的樂果再行佈施，那麼，自己不是真正喜歡佈施。如果我有一刻間沒有生起佈施的心，那麼我便沒有真正悲施之心。」

世親菩薩說：「此偈教行無厭施應知！」

五十八 「不作不與果，與果與作者，
　　　　是汝觀恩過，與我不相似。」

大悲菩薩再次教誡自己說：「如果對於不會報恩的人，你不給予佈施；又或者預期會報恩的人，你才去佈施；那麼你的佈施只是一項觀待得失的交易活動，不是真正的悲施，更不是大悲菩薩所為。」

世親菩薩說：「此偈教行捨恩施。」又說：「已說大悲教施，次說大悲行施。」由頌五十三至五十八這六頌，是大悲菩薩教誡自己甚麼是真正的悲施，不要行持相似的悲施。接著的頌五十九和六十，彌勒菩薩更進一步分析如何真正行持悲施。

五十九 無障及淨句，利彼亦自量，
　　　　無求與無著，悲者如是施。

應如是行持佈施：不奪取別人的財物作佈施，以如法的財物作佈施，佈施的結果是令自他皆能增長善根；行持佈施時不侵損自己和眷屬基本的財資受用；對有需要但未口求或無心求的眾生，均要自覺地去佈施；不求回報而作佈施。

世親菩薩解釋淨句說：所謂「淨句」，是指不以毒物、兵杖、酒等作佈施。因佈施的目的是對自他都有利，但以毒物、武器和酒等不符合佛陀利他精神的東西來佈施，或者會令人得到暫時方便，畢竟帶來嚴重苦果。

六十　盡、廣、勝、常、喜，離著亦清淨，
　　　迴向於二處，菩提及善根。

大悲菩薩還要內外盡施，以眾多不同種類的東西佈施，以美好圓滿的東西佈施，恆常地佈施，不會留戀所施之物、樂意佈施，不求回報、樂報去佈施，用符合佛法精神的東西佈施，將佈施的功德迴向給眾生皆樂善好施和成就大菩提。

六十一　有財而自用，及用施眾生，
　　　　得喜施喜勝，三樂養心故。

菩薩自己享用財物所產生的喜樂，遠不及以財物佈施別人所產生的喜樂殊勝。因為佈施令內心得到三種喜樂：佈施喜、攝他喜和圓滿菩提資糧喜。

世親菩薩解釋「三樂養心故」說：三樂能長養大悲心。甚麼是三樂？一是佈施喜，佈施給匱乏的眾生而心生歡喜。二是攝他喜，經由佈施而令眾生養成樂善好施的風氣而心生歡喜。三是菩提聚滿足喜；能夠長養菩提心並圓滿福慧資糧的歡喜。接著彌勒菩薩解釋大悲心能去除自他修持六度時的蔽障和增長六度的功德。

六十二　慳、惡、瞋、放逸、緣著及邪著，
　　　　　如是六蔽著，悲令六度增。

慳吝財物不能佈施的人，惱害別人而破戒者，遇上逆緣便起瞋恚的人，不積極捨惡行善的人，耽著五欲而散亂的人，不信佛法及撥無因果的人；這些被六種過失所障蔽而阻礙自己行持六度的人，菩薩以大悲心揭示他們的過失，令他們得以增長六度功德。

辛七 宣說生起悲心之因

六十三　苦樂不苦樂，因力及善友，
　　　　　自體相續流，大悲四緣義。

菩薩以四緣生起大悲心：菩薩過去世所熏習大悲心的

種子，這是因緣；遇到善友教導大乘教法，這是增上緣；見到三界輪迴中欲界有苦苦、色界有壞苦、無色界有行苦，因而對受苦眾生生起難忍的悲心，這是所緣緣；菩薩大悲種子不斷現行熏習，累世積聚，因此而影響到未來亦會持續行持大悲，這是等無間緣。

世親菩薩解釋「等無間緣」說：「自體相續流者，顯示次第緣。」意思是說：菩薩的大悲在其心相續上不斷現行熏習，因而未來也一直不斷生起行持，這就是四緣中的「等無間緣」。

辛八 菩薩悲心以平等超勝

六十四　行相及思惟，隨順與離障，
　　　　不得亦清淨，六義悲平等。

大悲平等有六種意義，即行相平等、思惟平等、隨順平等、離障平等、不得平等和清淨平等。

世親菩薩說：「一者行相平等，由三受位眾生平等知是苦故。二者思惟平等，由平等憐愍故。三者隨順平等，由平等救濟故。四者離障平等，由平等不惱故，五者不得

平等，由自他及悲三輪平等不可得故。六者清淨平等，由八地無生法忍時平等得故。」意思是說：菩薩見一切眾生皆受苦苦、壞苦和行苦所逼迫，所以無分彼此，平等地悲憫之，這是行相平等。由於視眾生平等，所以希望平等地為他們解除痛苦，這是思惟平等。為了落實平等救濟眾生，所以隨著個別情形而展開救濟，這是隨順平等。對於現時未有能力幫助的眾生，首先要做到的是不傷害他們，這是離障平等。進一步為了圓滿悲苦的工作，就要生起般若波羅蜜多，對自他、人法都以無分別智攝持，遣除能所，一切都不可得，這是不得平等。當無生法忍修煉成熟，能任運住於平等真如，一切法平等不可得，這是清淨平等。

世親菩薩說：「如是別說大悲已，此四梵住云何修習，得令無上！」

己四 總結四梵住

六十五　慈等令無上，自意修亦五；
　　　　信心通方便，和合如前說。

就好像供養諸佛和親近善知識一樣，修行者可依自身

五種意志來修習四梵住而得證無上菩提。哪五種意志呢？
一是淨信，二是深心，三是神通，四是方便，五是和合。

世親菩薩說：「由淨信者，於大乘經說，梵住處生淨
信故。由深心者，以九種心修梵住故。由神通者，依虛空
等定而修習故。由方便者，依無分別智所攝故。由和合
者，一果入一切果故。」意思是說：如前頌八及頌十六所
說如何供養諸佛和親近善知識一樣，四梵住皆可依自身五
種意志修習而得無上菩提。淨信者，由聽聞大乘經典而對
四梵住生起淨信；深心者，以前面頌八所提到的一味心、
隨喜心、希望心、無厭心、廣大心、勝喜心、勝利心、無
染心和善淨心，令精神住於清淨的慈悲喜捨狀態；神通
者，由得根本定而得神通變化，自利利他；方便者，以無
分別智攝持；和合者，若自己一人成就，所有人隨之皆得
成就。

最後，彌勒菩薩以一偈總結〈供養品〉、〈親近品〉
和〈梵住品〉——闡明自利利他的修行法要。這偈唐譯本
略。

六十六　如是於世尊，生起清淨信，
　　　　以物大恭敬，具極相續供；

恆依具眾德，能利善知識，

悲憫於眾生，當得諸成就。

　　如此對諸佛生起清淨信心，以法衣等物質及頂禮讚嘆，依教奉行等形式長期供養；同時恆常依止親近那些具備十種德相，又能與自己結上善緣的善知識；如是成就自利。此外，以清淨之慈悲喜捨心對待一切眾生，如是成就他利。總而言之，供養諸佛、親近善知識、四梵住都是能獲取無上菩提的法門。

應用思考問題

1. 未見道前的修行人因「疑」煩惱未除，雖了解悲施的重要性，但當煩惱魔境試探現前，自己老毛病隨之又復發，此時具慚愧不放逸的修行人，會聽到自己的大悲心勸勉的說話。試依頌五十三至五十六描述，並以白話翻譯。

2. 悲施不是一時玩樂，而是一項生生世世長久的修行；古德稱之為「無間施」。試依頌五十七說明。

3. 悲施重於明白「貧苦多怨，橫結惡緣」！所以修行人不選擇地以「等念怨親，不念舊惡，不憎惡人」這原則進行悲施；古德稱之為「行無厭施」。試依頌五十八說明。

4. 由頌五十三至六十這八頌是大悲菩薩教誡自己甚麼是真正的悲施，不要行持相似的悲施。試以白話翻譯並背頌這六頌。

5. 悲施有無障、淨句、利彼和自量這四種內容限制，試依頌五十九說明。

6. 彌勒菩薩提出悲施要「自量」，指出行持佈施時不能侵損自己和眷屬的財資受用。至於財施的數目，傳統印度人喜歡以收入四分之一作佈施，西方人習慣十分之一佈施，對此，作為現代的你又有何高見？試為文說明。

7. 不慳吝而佈施，令菩薩將違反真理的自私心驅走，換來是以紮根於真理的三樂來養心。試依頌六十二說明之。

8. 修行六度的人會遇上六蔽形成障礙，而菩薩本著大悲心去

指出這些人的過失，是為法施；試依頌六十二說明。

9. 試依頌六十三說明生起大悲心的四緣。

10. 真正的大悲心會隨順真如平等這性質，所以大悲心亦有六種平等相，請依頌六十四說明。

11. 供養諸佛、親近善知識和四梵住均要以淨信、深心、神通、方便和和合來行持，才能自利利他，證入無上菩提，試依頌六十五說明。

《大乘莊嚴經論》第52講

　　本論由最初第一〈緣起品〉開始，至第十〈菩提品〉
爲止，是彌勒菩薩說明菩薩由趣入大乘道至得到無上菩提
的修行大綱；就好像旅行一樣，打算到甚麼地方去，乘搭
甚麼交通工具，預算財政開支，大概行程，中途食宿站等
等行程計劃。由第十一〈明信品〉至第十五〈教授品〉，
是菩薩實修無上菩提的前期準備工夫。安慧論師這樣形容
五品：「如是於此宣說第五義莊嚴——隨菩提分之本體。
首先發起廣大淨信，尋求深廣諸經論之文詞，以及彼所
宣說的內容，求法後爲人傳講，對法的意義實修而修行，
使修法增勝之因，即是領受教授與隨示，方可趣入聖地。
此等五品乃是菩提分法，實是具方便及波羅蜜多、供養、
依止、四無量及菩提分諸品的總綱。」換言之，〈明信〉
至〈教授〉五品可視爲實踐無上菩提法門的前行，就像訂

車、機票和房間，要實際付款才能取得服務票據。由第十六〈業伴品〉至早前所說六度四攝、供養諸佛、依止善知識、四梵住、三十七菩提分法，都是實踐見道的修行；這時修行人要本著無厭、斷除小乘作意和無分別智的精神來行持度攝、梵住和覺分；度攝、梵住和覺分就像在旅行時經歷了三分之一的實際旅程，雖未到達目的地，但逗留在中途食宿的地方整裝待發，繼續行程。

今堂提到修行人到了第二十一〈覺分品〉，這個實修無上菩提過程中的中轉大站。彌勒菩薩提醒修行人要再添加甚麼裝置，才能到達這個大站。這八種精良裝備分別是：知慚、堅固、無厭、通達論典、了知世間、了知四依、四無礙解和福慧資糧。知慚具愧是修行人，尤其是在家修行人必須具備的品格，它能令佛弟子不受煩惱客塵垢染；令修行人於世間八風——利衰、譽毀、稱譏、樂苦中不受動搖，一心求道；知慚具愧亦是菩薩修行途中的良伴，時刻提醒行者保持端正莊嚴；亦能教導菩薩嚴守戒律，防止煩惱的傷害。「有衣翻有垢，凡夫無慚故；無衣更無垢，菩薩有慚爾。菩薩慚具足，如空不可污；欲勝諸菩薩，亦以慚莊嚴。譬如慈母愛，慚護眾生然；觀生及化生，此事由慚起」。

第二十一　覺分品

戊四 證得無上菩提的修持：〈覺分品〉

己一 因

　　修行到這階段，快將完成無上菩提的正行，接近證得無上菩提成果。彌勒菩薩孜孜不倦，重新為修行人檢視要修行達標所需的人格品質，作為證得無上菩提的條件工具。祂把能證入無上菩提的條件分為八種，先是以知慚、堅固和無厭的三種精神達致不放逸地持戒。其次是通達論典、了知世間、了知四依和四無礙解來掌握及通曉所聞佛理，發展出思所成智慧。最後以精勤圓滿福慧資糧，作為成就佛色身和法身的準備。

庚一 知慚

辛一 知慚之體相

一　治障及合智，緣境亦成生，
　　菩薩有羞相，如此四差別。

知慚有四種內容：自性、助伴、所緣境和作用。描述如下：知慚是要對治無慚和無愧這兩種煩惱心所，作為自性；它的助伴是無分別智；它恥與聲聞和獨覺二乘人為伍，作為所緣境；它以成熟眾生作為作用。

慚愧是善心所，無慚和無愧是煩惱心所。慚是依著自尊和聽聞善友所說正法的增上力，產生一種崇敬道德，奉行善業和止息惡行的力量。愧是因為在世間倫理和社會規範，產生一種厭離惡法、拒作惡行的力量。無慚無愧就是不顧羞恥，不理世間非議而作諸惡行的心所法；根據唯識心理學說，大凡當人有無慚和無愧的心理出現，便找到不善業的掮影。

接著彌勒菩薩解釋修行人何時應該生起慚愧之心。

辛二 知慚生起之處

二 菩薩於六度，障增及治減，

當行持六度時障礙增加；對治的力度減弱；

三 不勤亦勤行，於此有羞起。

懈怠修持六度和沒有守護根門，而任由煩惱時時生起；在這四種環境下，修行人都應心生慚愧。

接著，彌勒菩薩描述修行人慚愧心的優劣品類。

辛三 知慚的差別

四　六品及二品，七地與二乘；
　　亦似則為下；反此應知上。

在欲界中，無論是地獄、餓鬼、傍生、人、阿修羅、天的慚愧都是差劣；離生喜樂地和定生喜樂地，在色界、無色界中比較差劣；十地菩薩中前七地較三淨地菩薩差劣；聲聞和緣覺的慚愧心比起大乘差劣；未得無生法忍的菩薩的慚愧心比已得的差劣；和這五類相反的，都具較優質的慚愧心。

世親菩薩認為二乘人為自利意樂而具增上慢，故慚愧屬下品，而初地至第七地菩薩因有勤作相之我慢，這種我慢是緣於希望自己修持比較好；因有比較競勝分別，故較三淨地無勤任運成就差劣。

辛四 無慚的過失

五　無羞惑不斷，三害

　　無慚令菩薩不能斷除煩惱，從而引發三害；首先無法控制內心避開煩惱，就是自害；其次易生瞋恚，傷害別人就是他害；最後因退失戒律，就是自他俱害。

六、七　及六呵；

　　無慚除了令修行人招感三害，現世還受取六種呵責：一、後悔已作惡行，內心時刻自責；二、別人亦不會恭敬他、信任他；三、世間善神亦不會守護他、庇祐他；四、師長亦嫌棄他；五、同道修行人亦會鄙視他；六、他的臭名遠播，飽受社會非議。

八　墮難退苦三，如前十二失。

　　無慚除了令修行人現世遭受三害、六呵責的不幸外，未來世還招感三種下墮：第一是來世出生於三惡道，面對種種障難，甚至沒有機會聽聞佛法；第二是退損應得和未

得的善行功德；第三、時刻感受到難忍的痛苦。這三害、六呵責和三墮難的道理，我在〈梵住品〉已提過。

　　跟退失慈悲喜捨四梵住一樣，無慚亦令修行人面對三害、六呵責和三墮難等十二種過患。

辛五 知慚具愧的功德

九、十、十一　此等一切惡，菩薩若有羞，
　　　　　　　　當知一切盡，起彼對治故，
　　　　　　　　天人聰慧生，速滿於二聚，
　　　　　　　　成生不退轉，離不離為果。

　　菩薩若能知慚具愧，除了能夠遠離上述十二種過失外，縱偶有過失，亦能迅速加以對治。此外還有五果：未來世招感異熟天人樂果，天生聰慧。迅速積聚福慧二資糧是增上果。於成熟眾生的大乘道中不退轉是士用果。時刻遠離無慚的障礙是離繫果。無論生於何處都以慚愧來對治無慚是等流果。

辛六 讚歎知慚具愧者

接著彌勒菩薩以華麗衣服、虛空、飾物和母親等譬喻來讚美知慚具愧的功德。

十二　有衣翻有垢，凡夫無慚故；
　　　無衣更無垢，菩薩有慚爾。

凡夫因為無慚，即使外表穿上華麗衣服，仍免不了受自身的煩惱所垢染。菩薩就算沒有華麗衣服，因憑藉慚愧衣的遮蔽而遠離煩惱的垢染：無論外內都不受煩惱塵垢所染污。

十三　菩薩慚具足，如空不可污；
　　　欲勝諸菩薩，亦以慚莊嚴。

知慚具愧的菩薩猶如虛空，遠離煩惱塵垢的染污。慚愧心猶如金飾，令菩薩舉止端正莊嚴。

十四　譬如慈母愛，慚護眾生然；
　　　觀生及化生，此事由慚起。

慚愧心就如體貼的母愛般教導佛子防止毀犯、守持戒律，免遭煩惱傷害。

世親菩薩說：「衣服譬顯慚能對治諸煩惱，虛空譬顯慚能對治染著八法，莊嚴譬顯慚能隨順同行，慈母譬顯慚能成熟眾生。」意思是說：衣服譬喻具慚愧者能保護自己不處於煩惱染污的狀態，虛空譬喻知慚具愧修行人能不為世間利衰、稱譏、毀譽和苦樂這八風所動搖（註釋237）。飾物譬喻慚愧有如善友相隨；慈母譬喻慚愧能培養出度化眾生的善行。

註釋

237. 得可意事名利，失可意事名衰；不現前誹撥名毀，現前讚美名譽；現前誹撥名譏，現前讚美名稱；逼惱身心名苦，適悅身心名樂。世間八法常伴隨世人，而世人亦常隨世間八法起舞。世尊曾在《摩訶僧祇律》教導說：「利衰及毀譽，稱譏若苦樂，八法常相尋，往復若迴轉；八法不牢固，磨滅變化法。所謂聖弟子，執照無常鏡，諦觀世八法，俄頃不暫停。於四樂利中，未嘗有傾動；若遭毀譏謗，憂慼不經心。若離世八法，是名智慧士，能出欲河流，度脫生死海。」

應用思考問題

1. 修行人欲現證無上菩提，必先具備知慚具愧的善心人格。
   而慚愧要具備治障、合智、緣境和成生四種限制條件，試
   依頌一說明。

2. 修行人應於四種情況下生起慚愧心，試依頌二和三說明。

3. 隨著菩薩修行階位不同，生起慚愧心的素質亦有優劣的分
   別，試依頌四說明。

4. 修行人若為「無慚」、「無愧」兩種煩惱所控制，情況亦
   會跟退失四梵住一樣，面對三害、六呵及三墮難，共十二
   種過失的苦患，試依頌五至八說明。

5. 修行人若知慚具愧，在防治十二過失和偶有因無慚無愧違
   犯戒行時有何功德？

6. 知慚具愧能生起哪五種福德果報？

7. 世親菩薩認為以衣服為喻，說明菩薩能以慚愧免於煩惱所
   染污，試依頌十二說明。

8. 世親菩薩認為以虛空為喻，菩薩若知慚具愧便能不受八風
   所動，試依頌十三說明。

9. 何謂世間八風？釋尊有何遺教勸我們不要為八風所動？為
   何不為八風吹動才能成為智者和聖弟子？

10. 世親菩薩認為「莊嚴譬顯慚能隨順同行，慈母譬顯慚能成
    熟眾生」，試依頌十四解說之。

《大乘莊嚴經論》第53講

　　上幾堂提到修行人如欲得上乘供養諸佛、親近善知識和慈悲喜捨四梵住成就，必須要修五自意。今堂提及的知慚具愧，彌勒菩薩亦殷重地指出，上乘的慚愧心是要菩薩透過五自意的修煉來達成。五自意是在進行某項修持時，內心應怎樣配合的步驟和會達臻甚麼的境界。本論提到五自意前後有四頌，由於這裡是依印度梵文格式編排偈頌，故將〈供養品〉、〈親近品〉歸入〈梵住品〉，所以〈梵住品〉頌八、頌十六、頌六十五和〈覺分品〉頌十六這四頌，文義基本上是講述五自意修行方式的。「供養諸如來，最上由自意，信心通方便，和合五勝故」。（〈梵住品〉頌八）「親近善友勝，自意五如前；信心通方便，和合等別故」。（〈梵住品〉頌十六）「慈等令無上，自意修亦五，信心通方便，和合如前說」。（〈梵住品〉頌

六十五）「修習於慚羞，亦起五自意，信法等別故，無上如前知」。（〈覺分品〉頌十六）我認爲彌勒菩薩提出「五自意」，在瑜伽行派修行意義上，與〈教授品〉頌十一至十四所提出的「九住心」，就好像日和月一樣，同樣重要。以〈梵住品〉頌八爲例，世親菩薩這樣詳細解釋「五自意」：「五種自意供養如來，應知此供養爲最上供養。何謂爲五？一者淨信，二者深心，三者神通，四者方便，五者和合。淨信者，於大乘法說供養處生淨信故。深心者此心有九種：一味心、二隨喜心、三希望心、四無厭心、五廣大心、六勝喜心、七勝利心、八無染心、九善淨心；此九心如修諸波羅蜜中說。神通者，謂依虛空藏等諸三摩提故。方便者，謂無分別智方便攝故。和合者，謂一切諸大菩薩和合一果入一切果故。」淨信，是對三寶的實德能三者生起勝解、信、欲三種心理反應；淨信在這裡更是指相信大乘經所說，無形相的佛法身是最高供養處。九種深心中，感恩佛陀是味心，讚歡佛陀的功德是隨喜心，慶幸自己有機會聽聞佛法是希望心，對追求佛法永不疲厭是無厭心，以慈悲對待一切眾生是廣大心，爲了得到解脫而樂於修行是勝喜心，發菩提心救度眾生是勝利心，清淨無煩惱是無染心，定善無分別是善淨心。神通，指行者時刻能住於三摩地，能無礙自在地遍知一切。方便，指以無所得而爲便利方法，令行者達到三輪體空、識、境大融和

的境界。和合者，是指若有一位菩薩在某地能供養如來，成熟眾生；則某地之一切菩薩都能和合一味，於該地共成上供諸佛，下化眾生的事業。這段不單是解釋供養諸佛的文句，亦適用於提升任何修行德目的質素。大家應珍重並反復熏習。

辛七 慚愧之驗相

彌勒菩薩接著說明如何審察自己是否真正地履行知慚具愧。

十五　不忍及不行，亦忍及亦行，
　　　當知此四種，是說行慚相。

真正做到知慚具愧的菩薩有四種表現：不容忍任何煩惱，接受一切真美善意樂，不作一切惡行，履行一切善行。

辛八 慚愧成為最勝

十六　修習於慚羞，亦起五自意，
　　　信法等別故，無上如前知。

若想得到最上乘的慚愧，就要像前面所說，內心要生起淨信、九種深心、依三摩地生起神通、以無分別智為便利方法達到三輪體空，以及以一果入一切果而和合融和。

五自意，是彌勒菩薩提升修行成果質素的方法；前知，是指前文〈梵住品〉頌八、頌十六和頌六十五（註釋238）。世親菩薩以簡明文詞說：「如前知者於大乘經說，慚愧處生淨信故，以九種深心修習故，依虛空等定修習故，由無分別智攝故，以一果入一切果故。」

庚二　堅固

辛一　略說

十七　諸菩薩無畏，體相及差別，
　　　堅固與殊勝，今當次第解。

菩薩有大無畏勇氣，現在分別從體相、差別、堅固和殊勝詳細解說。

辛二　廣說

壬一 堅固之體相

十八　進、定、慧三起，勇、健、勤猛作，
　　　是說無畏相，亦顯於眾名。

　　菩薩以精進力表現出不怯弱的志氣，以等持力表現出
不動搖的安忍，以智慧力表現出隨順真實義後，有融合識
境的便利方法。所以菩薩大無畏的體相，分別是進、定、
慧；而勇、健、勤猛是大無畏的同義詞。

十九　諸有所作中，下動愚則畏，
　　　離三三決定，是名無畏安。

　　修行人行持菩薩行時，為何會出現怖畏呢？若果行者
因欠缺精進力，便會出現下劣惡行；因欠缺定力，便表現
出內心躁動不安；因欠缺智慧，當面對問題時便會欠缺善
巧的應對能力。所以當行者自然而然地遠離下心、動心和
愚心時；就決定具備進力、定力和智慧力；這時菩薩便能
成就安穩的大無畏。

　　世親菩薩說：「菩薩於諸所作中，其心若下、若動、

若愚則生怖畏。何以故？下心者，於彼無勤修故；動心者，於彼心不住故；愚心者，於彼無方便故。」為何菩薩修行時內心會出現怖畏？如果精進力不夠，就不能積極捨惡行善；如果等持力不夠，就會內心躁動；如果智慧不夠，當遇上問題，就沒有善巧的應對能力。所以彌勒菩薩要求修行人要以進、定、慧三力任運現前，來對治下劣、躁動、笨拙，才能成就大無畏。世親菩薩補充「離三三決定」說：「問云何決定？答此三對治任運現前，是名決定。」意思是：修行人熟習精進、禪定和智慧時，這種大無畏精神就會自然而然出現。

壬二 差別

接著詳細描述大無畏十種內容。

二十－二十二　　自性及大願，不顧及不退，
　　　　　　　　聞深亦能化，置彼於佛身，
　　　　　　　　亦行諸苦行，不捨於生死，
　　　　　　　　生死不能染；此十是差別。

菩薩大無畏有十種限定內容：一、自性：由於菩薩進、定、慧修行成熟而成就無畏本性。二、大願：最初發

心時，願自他皆能成佛而成就無畏。三、不顧：在自己修行期間，為求佛果不惜身命而成就無畏。四、不退：在修行利他時，縱遇上種種困難亦毫無疲厭而成就無畏。五、聞深：在聽聞甚深真實義時，亦無所驚懼而成就無畏。六、能化：遇上剛強難化的眾生，亦能以神通力教化而得無畏。七、置彼於佛身：鍥而不捨地持續安置無量眾生於無上菩提境地而得無畏。八、亦行諸苦行：為成就佛果，縱遇上種種苦行亦能安忍而得無畏。九、不捨生死：因不捨輪迴界中如母有情，接受生死輪迴而成就無畏。十、生死不能染：即使受生何處，亦無懼被煩惱染污而成就無畏。

二十三　惡朋及重苦，聞深不能退；
　　　　　譬如螽翅風，不動須彌海。

即使遇惡友、遭重苦和聽聞甚深佛法時，菩薩儼如在須彌大山遇上蝗蟲振翅一樣大無畏，毫不受動搖。

螽蜇，今稱蚱蜢；當蚱蜢群居時，由草綠色變成褐黃色，稱為蝗蟲；成因不明，一般推測與乾旱有關。

世親菩薩接著總結說：「由前三義勝故，菩薩無畏於

諸說無畏中最爲殊勝。」由於菩薩大無畏建基於不下劣而大勇，不躁動而健行，不笨拙而勤猛；所以菩薩的大無畏是不可動搖，極爲殊勝的。唐譯本於此以一偈總說大無畏的殊勝：「諸說無畏中，菩薩無畏上，相異堅殊勝，與彼不相似。」文中所謂「諸說」，是指二乘人和凡夫的無畏精神，因菩薩的大無畏建基於精進、禪定和智慧，故比世間凡夫、聲聞、緣覺的無畏更加堅固安穩。

庚三 無厭

二十四　不退諸菩薩，品類有三事，
　　　　於聞進苦故，慚勇爲依止。

　　菩薩對三種事情恆常不生疲厭：聽聞佛法永不疲厭、捨惡行善永不疲厭、爲利有情而承受種種痛苦永不疲厭。菩薩能積極地生活，永不疲厭，源於祂們有知慚和無畏的精神。

二十五　欲樂大菩提，是說不退性，
　　　　未成、成、極成，差別諸地顯。

　　求取無上菩提的猛利意願不退失，是菩薩無厭的自

性。菩薩的不退可分為勝解行地的未圓滿不退、初地至第七地的已圓滿不退和三淨地的至極圓滿不退。

註釋

238. 〈梵住品・頌八〉屬〈供養品〉、頌十六屬〈親近品〉；
    換言之，修行供養諸佛、親近善知識、慈悲喜捨四梵住和
    知慚具愧，內心都須要具足淨信、深心、神通、無分別智
    和一果入一切果等五種自意，方能得到高質素的成績。

應用思考問題

1. 藉著四種行為表現可判斷一位修行人是否具有慚愧心，試依頌十五說明。

2. 跟供養諸佛、依止善知識和四梵住一樣，欲修上乘的慚愧心，必須依「五自意」去修煉，試依頌十六說明。

3. 修行人要有堅穩的大無畏精神才可求得無上菩提，試依頌十八說明大無畏的體相。

4. 菩薩有大無畏才可克服修行時的怖畏，但怖畏因何而生呢？大無畏又怎樣能一一克服呢？試依頌十九說明。

5. 菩薩的大無畏種類內容可依十點說明，試依頌二十至二十二說明。

6. 在惡友、重苦和聞深這三種情況下，有大無畏的菩薩能面對這些考驗嗎？試依頌二十三說明。

7. 彌勒菩薩在頌文中沒有說明無畏的殊勝，而世親菩薩則在論釋中有說明；此外，唐譯本亦添加上梵本沒有的相關偈頌，試分別說明。

8. 菩薩對三種事物永不疲厭，是哪三種呢？依頌二十四說明。

9. 試依頌二十四和二十五說明菩薩無厭的原因和自性。

10. 試依頌二十五說明菩薩無厭的種類內容。

《大乘莊嚴經論》第54講

　　為了淨圓無上菩提，踏進修持七覺支見道歷程；菩薩要先檢視自身八種德性能否配合七覺支的修行。這八項德性分別是知慚具愧、大無畏、不疲厭、通達世間五明學問、掌握在具苦無我的世間中的通變技巧、掌握在聞思修智慧時抉擇取捨的四量法標準、能為一切眾生釋疑解惑的四無礙智和福智二資糧。

　　今堂繼續講解五明、三知、四量、四無礙解和二資糧。五明是菩薩一種利導自他眾生的科學，包括邏輯、哲學、醫學、工程學和語言學的訓練；往昔明末就有很多學識廣博的西洋傳教士來到亞洲，以先進科技文明為手段，傳播信仰。而佛教就以利他濟眾為宗旨，為了改善自他生活質素，在日常修行外，還隨著修行者本身興趣，學習一

些世間科學著作，確是不錯的選擇。此外，爲了適應在五濁惡世生活，掌握在無常世間中的通變技巧，修行人要有三知：身知，要常保持笑容；語知，説話要溫文有禮；最後還要知道世間之苦性，以及如何斷除苦因、熄滅苦果的方法，亦即是要知釋尊所説的四聖諦法。其次，修行人更要掌握在聞思修智慧時，懂得抉擇取捨。菩薩被要求廣博多聞，以智爲業；所以大部份時間都會花在修學智慧上。事實上，佛法博大精密，其中難免羼入大量的相似佛法。爲此，佛提出了四量法，並規定行者修聞慧時，要以佛説三藏十二部經作爲學佛標準，就是爲了遮止初學者譭謗捨棄聖法；再以經文實際意義爲標準，遮止修思慧的人依文解義；亦要以高階如彌勒、龍樹等菩薩著述的經解，例如《彌勒五論》、《龍樹六論》爲標準，令思慧菩薩遠離未夠資格説法的惡友邪見臆説；以無分別智爲標準，遮止修慧菩薩認爲內證智，例如無漏無分別智可以用語言文字表達出來。最後，彌勒菩薩指出，由於見道時能以無分別無漏智現證眞如法界的大平等性，所以出定後能以有分別無漏智盡知諸法法門法義，並以簡易流暢語言令大眾皆能接受，盡除一切疑惑。

菩薩除了知慚具愧、大無畏、對追求無上菩提永不言倦外，還要透過通達世間五明科學來成熟眾生，成就佛

法。

庚四 通達五明

二十六、二十七　知法知法業，知相知無盡，
　　　　　　　　得果及二門，成生亦住法。

　　堅毅菩薩不但知曉包括內明、因明、聲明、醫方明和
工巧明五種論典內容；亦明白到這五明主要的作用是自利
利他。不僅知道要經歷聽聞、受持、熟習、思惟和通達五
明科學內容：此是功德、此是過失，這是善語、這是惡
語五個階段，而且更知道這樣才能達致爐火純青地步。菩
薩還知道學海無涯，就算已入無餘涅槃的聖者亦未必能盡
曉五明道理。通曉五明後，最終用以迴向自他成就無上菩
提。堅毅的五明菩薩以三昧門成熟眾生，以陀羅尼門成熟
佛法。

　　法業，即五明學處的作用。世親菩薩這樣解釋「知法
業」：「謂知自利利他，以此爲業。知內論者，爲自修及
爲他說。知因論者，爲申己義及屈他義。知聲論者，爲自
善音令他信受。知醫論者，爲除他疾。知巧論者，爲令
他解。」意思是：內明，就是學習怎樣修得一切相智，和

攝引凡愚趣入聖道。因明，是透過邏輯推理，演繹自己的見解、主張，折伏邪見。聲明，是為了擊敗對手，掌握寫文章時的辭藻韻律，令別人樂意信解接受。醫方明，是為了治病救命，令病人身體康復。工巧明，即傳承百工手藝的技術。在古代印度和西藏，五明內容和種類都有不同說法，讀者宜廣聞博思，從中亦可了解這些說法存在著豐富文化底蘊的情況。

庚五 了知世間

二十八　身知亦口知，及以實諦知，
　　　　菩薩知世間，最勝餘無等。

　　菩薩有三種知世間：一是身知世間，二是語知世間，三是諦知世間。

　　所謂知世間，就是菩薩認識到自己生存在這個世間，這世間是怎樣的德性，自己該抱甚麼態度才是菩薩在這世間生存之道。

二十九　身知則舒顏，口知則先語，
　　　　為令成器故，正法隨修行。

為了度化眾生，令他們實踐四聖諦教法，菩薩時常歡顏微笑，說話有禮。

諦，指真實的道理；佛教中專指佛說的四聖諦道理。

三十、三十一 二知知世生，二知知世滅；
為息復為得，諦知勤修行。

由於了知苦諦和集諦，知道世間痛苦的流轉；由於了知道諦和滅諦，知道出離世間便可停息痛苦。了知四諦就可以息滅痛苦，達致涅槃。知道在世間修行的方向，菩薩便具足修行的智慧了。

世親菩薩說：「二知知世生者，知苦集二諦，則知世間常生，由生及生方便故。」苦諦，指有情之人生及生所依之世界，常為苦苦、壞苦和行苦所煎迫。生方便，指集諦，由諸煩惱及由煩惱所發之業，數數積集痛苦。苦諦和集諦是世間因果。「二知知世滅者，知滅道二諦，則知世間可滅，由滅及滅方便故」。滅諦，指真如境上有漏法息滅。真如為體，眾生之人生及生所依世界為用；滅諦乃是在真如體上息滅所有煩惱而顯現出從痛苦解放的狀態。滅

方便，指道諦，由於修行人能知苦、斷集；由證滅而得解脫之道。世親菩薩又說：「諸菩薩為息苦集諦，為得滅道諦故，觀諸諦修智具足。」菩薩知道在世間修行的方向，就是要息滅痛苦，得到涅槃；這樣便具備了修行智慧。由於大乘人了知四諦的目的不是為了個人的離苦得樂，而是為成就無上菩提和成熟眾生，故較二乘為勝。

庚六 了知四量

四量，量即以尺來衡量、量度抉擇；有以標準訂定真偽的作用。後人稱為四依法；所謂依法不依人，依智不依識，依義不依語，依了義不依不了義。

三十二 能詮及義意，了義亦無言；
當知此四種，是說四量相。

世尊囑咐學佛者要以佛所說三藏十二部經，不以說法者個人臆想作為標準；要以經文實際意義，不以文詞表面意義作標準；要以世間公認可信及經佛授記認可，如彌勒、龍樹等大德所詮釋的經義為標準，不以例如地前菩薩所說經義作標準；要以無分別智，不以心識概念推理計度為內證標準。

能詮，指佛所說三藏十二部經，一切佛法皆來自佛轉依時，以根本智現證得無上菩提，及以後得智用語言概念宣講的十二部經（註釋239）。世親菩薩在論釋中就了義和不了義很清楚地解說：「了義者，謂世間可信及佛所印可。」只要世間大眾公認的，以及佛在經典中曾授記提及的，例如彌勒菩薩、龍樹菩薩也解說過的，都合符這兩個原則。由這兩位菩薩對佛所說經典作深入解釋，例如彌勒菩薩的《現觀莊嚴論》和龍樹菩薩的《大智度論》，都是對佛說的《大般若經》作解釋，廣泛地受後世佛子接受。「無言者，謂出世證智」。這裡指的是無分別的無漏智；一般來說，只有淨圓般若波羅蜜多的佛智，才能成為佛子學習的標準。

接著，彌勒菩薩解釋世尊為何訂定這四量，給後來佛弟子學佛時有所依循。

三十三　謗法及非義，邪思與可言；
　　　　　遮此四事故，次第說四量。

佛訂定要以佛所說的三藏十二部經作為學佛標準，是為了令聞慧修行人遮止譭謗捨棄聖法；以經文實際意義為

標準，是為了令思慧修行人遮止依文解義；以世間大眾公認，及佛所印可的大德如彌勒菩薩、龍樹菩薩所解的經論作標準，是為了令思慧修行人遮止接受未夠資格說法者，憑個人臆測倒解佛經；以無分別智為標準，是為了修慧修行人遮止內證智能以語言文字表達出來。

接著，彌勒菩薩解釋四量有何功德。

三十四　信心及內思，正聞與證智，
　　　　　菩薩不可壞，依量功德爾。

以三藏十二部經作為標準，不會失壞對佛的信心；以經義內容為標準，不會失壞探究真理的精神；以世間公認及經佛授記的大德解經作標準，不會失壞令眾生得聞正法機會；以無分別智的證智為標準，修行人不會失壞內心無分別智力量。

庚七　四無礙解

菩薩以無分別根本智現證真如後，便能以有分別後得智毫無障礙地斷除一切疑惑，了解蘊界處等現象界，以及真如法界的體性，稱無礙解。

三十五　於門相言智，通達無比倫；
　　　　此即是菩薩，四種無礙解。

　　菩薩見道後得到出類拔萃的智力和語言能力分別有四種：一、知門智：又稱法無礙解，能明確地分辨出一切東西的名數和分類。二、知相智：又稱義無礙解，能明確地說出一切東西的本質。三、知言智：又稱詞無礙解，能通曉各種地界和人種的語言。四、知智智：又稱辨無礙解，能自知本身擁有無礙解的智力。

　　接著，頌三十六及三十七說明無礙解為何以四，不以三或五作名數決定的原因。

三十六　能說及所說，說具合三事；
　　　　四二復二種，次第三事因。

　　再就能說的菩薩、所說的教法和具有的無礙解說法過程這三方面來說，能說的菩薩有教授智、成熟智、聚滿智和令覺智。所說的教法就有法數名目和境界；而無礙解本身就有言語和智力兩種。

三十七　舉法及釋法，令解與避難；
　　　　建立四無礙，以是義應知。

　　由於以法無礙解總標列出法義，以義無礙解廣釋法義，以詞無礙解用語言概念表達法義，以辨無礙解解釋法義疑團。

　　菩薩說法時，都以智力和語言先總標出某法的法義，繼而解釋某法的內容；以簡單易明的概念言詞表達，最後還要釋疑解惑。接著，彌勒菩薩解說四無礙解的功能作用，四無礙解就是以這四個程序決定次第和數目。

三十八　內證及外覺，故稱無礙解。
　　　　能斷一切疑；此即是彼業。

　　菩薩由現證真如的大平等性；出定後，再以有分別後得智盡知諸法法門種種差別；這就叫無礙解。四無礙解的作用，就是能斷盡所有眾生的一切疑惑。

註釋

239. 根據百度百科網絡資料說：「十二部經是將佛所說的教法，按其敘述形式與內容分成十二種種類；又稱十二分教。

一、契經：即既契於理亦契於機的佛教經典，又稱長行；以散文直接記載佛陀之說法內容。

二、應頌：以偈頌重複闡釋契經所說的教法，所以又稱重頌；重者，重宣其義。在形式上，與中國古詩相似，文句字數目固定。

三、記荊：又作授記；本為教義之解說，後來特指佛陀對眾弟子之未來修證果位所作的印記；例如記載佛明確告訴弟子何時何地成就佛果的經文。

四、諷頌：又作孤起；以偈頌形式記載佛所說的教法。與第二種應頌不同之處是：應頌是重述前面長行經文的道理，而諷頌則不依前面長行，是單獨發起的偈頌。

五、自說：一般來說，佛經大都是佛在弟子請求下釋疑解惑而作出的記錄；遇上有些重大教義時，弟子不懂發問，此時縱無人求法請問，佛亦主動開示教授，例如《阿彌陀經》便是「自說經」。

六、因緣：佛經大體上分成三部份：序分、正宗分和流通分。因緣就是序分，例如記述了該經在甚麼情況下，為解決甚麼問題，向甚麼人而說甚麼道理等等內容。

七、譬喻：佛說種種譬喻或寓言，幫助眾生理解接受經文道

理。

八、本事：佛經中記載佛憶述某菩薩或弟子過去世的生平行誼及因緣事蹟。

九、本生：佛說自身往昔行菩薩道時，怎樣修持苦行，有關自身利益眾生的生平行誼及因緣事蹟。

十、方廣：指詞廣理正，廣辨諸法甚深真理的經文。後有人將凡屬宣講菩薩教理，大乘法門的大乘經典稱為方廣。

十一、希法：記載佛說法時出現在這娑婆世界而又從未出現過的瑞祥境界，因令眾弟子同聲讚歎：「未曾有」，故亦稱未曾有經。例如經中說諸天身量，大地震動，曠古稀有，佛力不可思議等經文。

十二、論議：佛或以一問一答，或以直發精義兩種文體，論議抉擇諸法體性，是一切論典的通稱。

應用思考問題

1. 學習五明是菩薩透過世間知識的力量，向信眾傳播佛法的一種便利方法；情況就像十四世紀以降，西方傳教士以天文、數學、軍事、建築和醫藥到世界各地傳教一樣；令別人改善生活質素，亦令他們得聞正法，現世和未來均能得益。試依頌二十六說明五明的內容和作用，怎樣學習五明才算爐火純青；和五明知識的無極限性。

2. 五明既是世間知識，故必須有更上一層的內容來帶動眾生趣向勝生安樂、定善解脫的佛教目標。彌勒菩薩就提出以通曉五明功德來迴向成就無上菩提；並以三昧門來成熟眾生，以陀羅尼門來成熟佛法。試分別解說之。

3. 菩薩身處這個具苦和無我自性的世間；為了自利利生，願自他皆得成佛，除了時刻歡顏微笑，說話謙虛有禮外；還要令自他時刻緊記知苦、斷集、證滅、修道這個四聖諦道理。何謂「諦」？試依頌三十、三十一說明四聖諦和其中世、出世的道理。

4. 佛教徒每感去聖日遠、異部宗見紛紛擾擾，所以希望有一種各人公認的佛法標準，例如三法印、四依止等。四依止在唐代譯為四量；量，即以尺來量度，有以一種標準抉擇真偽的作用。試以頌三十二說明四量內容。

5. 從另一個角度來說，四量法是菩薩在聞思修三個階段抉擇智慧時，對佛法所持的一種權衡尺度，試依頌三十三說

明。

6. 試依頌三十四說明四量的功德。

7. 為甚麼菩薩有四無礙解的能力？這種能力有何作用？試依頌三十八說明。

8. 四無礙解有知門、知相、知言和知智這四種出類拔萃的智力和語言能力，試依頌三十五逐一說明。

9. 就能說、所說和說具來分析；菩薩、教法及無礙解智力三輪種類各有不同，試依頌三十六說明。

10. 四無礙解的建立有一定次第，說明了其所立數目和次第；試依頌三十七說明。

《大乘莊嚴經論》第55講

　　上幾堂先後提到正行的準備，包括檢視及改進自己八種德性和見道、修道的便利方法，包括了知慚具愧、大無畏、不疲厭、通達世間五明學問、掌握在有漏世間三知的通變技巧、修習聞思修智慧的四量法、爲眾生釋疑解惑的四無礙解和能成就佛果的福智二資糧。

　　大乘人所修能達臻無上菩提的法門有兩層：第一層是不共正行；不共者，是指二乘人沒有的六度四攝，修行人要具備供養諸佛、親近善知識和慈悲喜捨四梵住的德性。第二層是共正行；菩薩除了和二乘人一樣證悟三十七菩提分法，令般若無漏智現證在前，繼續修習般若智，達致圓滿階段外；大乘人修三十七菩提分法時，還添加不少例如是無住涅槃、法無我等大乘修行元素。世親菩薩在解釋大

乘人修持四念處比二乘人有十四種優勢，其中在覺境勝修這種優勢時說：「謂知身如幻，色相似故；知受如夢，皆邪覺故；知心如空，自性淨故；知法如客，客謂纏垢，譬如虛空有煙雲塵霧故。」這是通過法無我——輪涅二法皆爲心之所顯，與佛淨圓眞如後，所得諸法本自清淨的經驗融入四念處的修持中。又在解釋受生勝修這種優勢時說：「謂故意受生成就轉輪王等最勝，身受心法亦不染故。」這說明了大乘人在大悲平等心下，形成攝引凡夫分先後階段完成兩個目標：首先達致勝生安樂，接著在安樂環境下修持定善解脫。菩薩以無住涅槃作爲度生章本，在化度眾生時，會因應眾生根器而顯現不同身份。即使投生成爲萬王之王，享用人天安樂，仍絲毫不改變祂觀身如幻，知受如夢，知心如空，知法如客塵等等守道清白、梵行高遠的菩薩情操。

庚八 福慧二聚

三十九　福智為二聚，勝根亦不污，

　　　　一切諸菩薩，勝相皆如此。

　　菩薩積聚的是福德和智慧二種資糧。由福德資糧令菩薩在生死輪迴中得勝生安樂的福報；由智慧資糧令菩薩享

用福報時不為煩惱所染污。福慧二資糧就是能令菩薩有這樣卓越的表現。

世親菩薩說：「諸菩薩由福聚故，於生死中作勝報成就因。由智聚故，於彼勝報作不染污因。」勝報，指勝生安樂；不染污因，指無漏智慧能對治煩惱或隨之而來的煩惱。接著，彌勒菩薩介紹福智與六度的關係。

四十　初二為福體，第六即是智；
　　　餘三二聚因，五亦成智聚。

佈施、持戒是福聚；般若是智聚。其餘忍辱、精進和禪定三者是福智資糧的因。由於般若能迴向功德，所以般若和前五度皆成為智聚。

四十一　正修及數修，資善名為聚；
　　　　自利與他利，成就則名業。

聚，是正確地修習六度善法，並且持續地修習六度善法；這樣善法便得以增長。而二聚的作用，是令堅穩菩薩成就自他二利。

三婆羅，是梵語音譯，意譯為聚；三，指恆常不斷；婆羅，指修持成就，正確地修持六度是正修，持續不斷地修六度是數修。三婆羅，指菩薩能恆常修持六度，最終成就佛果，獲得三身。接著說二聚的種類差別。

四十二　入地入無相，及入無功用，
　　　　　受職並究竟，二聚次第因。

勝解行地的福智聚，是見道登地的因；初地至第六地的福智聚，是進入無相因；第七地的福智聚，是入無功用因；第八、九地的福智聚，是入受職因；第十地的福智聚，是入究竟因。

因七地菩薩對佛所說種種教法不起分別作意，故名無相。第八地和九地菩薩有任運成就作用，故名無功用。第十地菩薩能受諸佛授法王補處灌頂，故名受職；轉依成佛，故名究竟。

己二 道之本體

庚一 廣說三十七菩提分法

辛一 修持四念處

三十七菩提分法，即釋尊四聖諦中道諦的開展；這三十七種修行法，是獲得無上菩提的道路，可歸納為七項：四念處、四正勤、四神足、五根、五力、七覺分和八正道。

菩薩在修四念處時，有十四種原因比二乘人超勝。

四十三 具慧之念處，以十四修法，
　　　　無等故而彼，超勝於餘等。

菩薩比二乘人所修的四念處，有十四種超勝差別。

這一頌在唐譯本無，梵、藏本有；今依例補回。

四十四、四十五 依止及對治，入諦與緣緣，
　　　　　　　　作意並至得，隨順亦隨轉，
　　　　　　　　覺境及受生，限極將最上，
　　　　　　　　長時與後證，勝修十四種。

這十四種勝修差別，分別是依止、對治、入諦、緣

緣、作意、至得、隨順、隨轉、覺境、受生、限極、最上、長時、後證勝修。

一、**依止勝修**：菩薩依大乘經典聞思修四念處，比聲聞依小乘經典殊勝。

二、**對治勝修**：世親菩薩說：「謂能對治不淨、苦、無常、無我法想四倒，由入身等法無我故。」意思是說：聲聞以人無我對治四種顛倒想；而菩薩了知身、受、心、法四者的自性為空，除了證得人無我外，更以隨順真如，遠離淨與不淨，樂與不樂等分別執取，證得法無我。

三、**入諦勝修**：聲聞為了自利體證滅諦，而菩薩為自他二利修四念處。

四、**緣緣勝修**：聲聞只緣自己，菩薩則以自他一切有情為所緣境而修四念處。

五、**作意勝修**：世親菩薩說：「謂身等不可得故。」聲聞以有所得的心態修持四念處，雖能獲種子、自在和現起成就；這種方法除容易生起執著外，其實還未能隨順真如平等性。菩薩以無所得而為方便，除斷人執、法執外，

還能證眞如二無我理。

六、**至得勝修**：世親菩薩說：「謂身等不離不合故。」聲聞修四念處是爲了離開由業惑招感的五蘊身，灰身滅智，將身心悉歸於空寂無爲的涅槃境界。但菩薩以無住涅槃除了斷盡煩惱不招感有漏五蘊身外，更獲證佛三身；虛空未盡，恆度眾生。

七、**隨順勝修**：因爲菩薩修四念處時亦能修六度；故能全面對治慳貪、毀犯、瞋恚、懈怠、散亂和愚癡。以福德資糧而論，初地菩薩福德已拋離阿羅漢。

八、**隨轉勝修**：世親菩薩說：「謂凡夫二乘所修念處亦攝隨轉爲教授故。」菩薩以化度一切眾生同證無上菩提爲目標，而一切眾生亦包括了二乘人，所以菩薩除了學大乘不共法門外，還要學世間凡夫例如五明科學，二乘人清淨解脫道例如四念處；故此在教授眾生的能力方面比聲聞超勝。

九、**覺境勝修**：世親菩薩說：「謂知身如幻，色相似故；知受如夢，皆邪覺故；知心如空，自性淨故；知法如客，客謂纏垢，譬如虛空有煙雲塵霧故。」菩薩了知身體

好像真實，但絕非真實；了知受如夢中感到有苦樂等事件出現，但實無這類事件發生。了知心性如虛空；心識活動時出現輪涅萬法，猶如在虛空出現的雲霧客塵，但這些污染物並非心的本性。由於菩薩修四念處遍知境相的本來面目，所以較聲聞殊勝。

十、**受生勝修**：聲聞修四念處只是為了斷除再次受生輪迴；菩薩修四念處不單為了斷除生死因，更因大悲而度生，不住涅槃，隨意受生輪迴，甚至現轉輪王身，教化眾生；即使如此，亦不改菩薩觀身如幻，觀受如夢，梵行高遠的情操，不受煩惱染污；由此勝生，故比聲聞殊勝。

十一、**限極勝修**：世親菩薩說：「謂修下品念處，亦過餘人修最上品；自性利故。」即使菩薩在資糧位修四念處，亦由於悲心廣大，希望自他有情皆能成就無上菩提這種願力大，令祂們擁有無比高尚情操；也因而令祂們修持四念處的成果比凡夫二乘人殊勝。

十二、**最上勝修**：據說三淨地菩薩修持四念處時，有一種融與近融的效應；當菩薩由第七地入第八地稱融，第八地入第九地稱近融；這時菩薩會產生以一果入一切果的效應；一位三淨地菩薩修成四念處，其他三淨地菩薩亦

無需加功修行而獲得任運成就；故較阿羅漢成就四念處殊勝。

十三、**長時勝修**：因為阿羅漢會入無餘依涅槃，在這情況下，四念處的修持亦告終結。而大乘人不住涅槃，所以菩薩能無止盡地因修持四念處而獲功德。

十四、**後證勝修**：二乘人修四念處只能成就預流等四果，而大乘人修四念處可成就無上菩提。

應用思考問題

1. 何謂福德？何謂智慧？二者在成就無上菩提道中有何差別？試依頌三十九說明。

2. 六度中何者修福？何者修慧？為何說六度最後皆是智度？試依頌四十說明。

3. 福智資糧古譯為「聚」，試依頌四十一解釋「聚」的意思。

4. 福智二資糧是菩薩五位的因，試依頌四十二說明。

5. 修行人檢視自己充分具備知慚具愧、大無畏、不疲厭、通達世間五明學問、三知、四量、四無礙智和福智二資糧後，就正式進入修持共同菩提道。這條道路由三十七個支分組成，稱為三十七菩提分法或三十七覺分。試簡略介紹。

6. 三十七菩提分法之首就是四念處，今人譯四念住；何謂念處？試簡略介紹。

7. 二乘人修四念處是為了抉擇四聖諦的道理，先以智慧各別觀有漏身不淨，觀受是苦，觀心無常，觀法無我；然後總合觀無常、苦、空和無我是真實空；堅固出離的意欲。而大乘比二乘修四念處有十四種超勝處，試略述之。

8. 菩薩修四念處除了證得人無我，更因隨順真如平等性，遠離淨與不淨等分別執著，從而證得法無我，是為對治勝修。試依世親菩薩論釋說明。

9. 聲聞為了離開由業惑招感的五蘊身，證入灰身滅智的無餘依涅槃而修四念處；而菩薩所修四念處，除了因斷盡煩惱障而不招感有漏五蘊身外，復因斷盡所知障而獲佛三身功德，這就是至得勝修。試依世親菩薩論釋說明。

10. 世親菩薩在解釋菩薩修四念處比二乘人在覺境上有更卓越表現時說：「謂知身如幻，色相似故；知受如夢，皆謂纏垢，譬如虛空有煙雲塵霧故。」你能以白話翻譯這段文字嗎？

《大乘莊嚴經論》第56講

　　上幾堂提到大乘菩薩所修，重點除了在自他二利的六度四攝外，還兼修三乘共同的法門：先說三十七菩提分法，次說大乘止觀。同樣是三十七菩提分法，但隨著大乘與二乘在價值觀和隨順眞如理的程度不同外，所修的內容亦有分別；例如二乘透過以觀身不淨、觀受是苦、觀心無常和觀法無我這四種觀智，將心力保持在正道中，遠離邪執。那麼大乘的世親菩薩怎樣修持四念處呢？「謂知身如幻，色相似故；知受如夢，皆邪覺故；知心如空，自性淨故；知法如客，客謂纏垢，譬如虛空有煙雲塵霧故」。菩薩依般若智火，將心力忍持在道法中，使之居正辟邪，了知身體像似眞實，但絕非眞實；了知受如夢中感到有苦樂等事件出現，但醒來才察覺實無這類事件發生；了知心性如虛空，心識活動時出現輪涅萬法，猶如在虛空出現的雲

霧客塵，但這些污染物絕非心的本性。

　　今堂繼續講三十七菩提分法中的四正勤和四神足。當二乘人嫻熟地住於四念處時，為補救定力不足，對治懈怠，去煩惱惡，菩薩當修四正勤；例如勵力於已生惡令斷滅，未生惡令不生，未生善令生起，已生善令增長。而大乘人異於二乘者，是以四正勤輔助四念處對治菩薩在修行地道上所產生的十種障礙。換言之，修四正勤時限是由資糧位一直到究竟位；例如在資糧位，菩薩就以四正勤中三捨，例如捨著行：遠離對五欲樂的貪執；捨蓋行：修止觀時，遠離貪取、害、掉舉、昏沈和煩惱；捨下行：捨離退墮大乘這種下劣作意。這時大乘菩薩為了見道，「依欲起勤，依勤起精進攝心正持」，以平等修、有相修和精進修，進一步修持四神足，令行捨這種心理活動不斷現起，以心平等、心正直和心無功用三性忍持著三摩地境界。這時修行人除了神力充沛，意樂成就，也能定力攝心，定慧平等；令隨心而住，隨願而成。而大乘菩薩就依勤修神足的自體——三摩地，以八斷行這種修行方便，對治五種三摩地的障礙，例如彌勒菩薩在《辨中邊論》提到，以信、欲、勤和輕安對治懈怠，以正念對治忘聖言，以正知對治昏沈掉舉，以思對治不作行，以捨對治作行。大乘人在資糧位就是勤修四念處、四正勤和四神足，積聚好充份的福

智資糧；最重要的是成就奢摩他，具備生起和維持一切修行功德的基本——三摩地；就好像水份、陽光和耕地眾多條件充足了，只待農夫在春天耕田下種子，假待時日，四神足就苗壯出包括五眼、六通、十自在等六種成就。「能見及能授，遊戲及遊願；自在並得法，成就此六種」。

辛二 修持四正勤

四十六　諸智者正勤，諸有情無等，
　　　　　修諸念住之，諸罪過對治。

由於菩薩為利益一切有情，所以在各地道階位修持四念處時，往往都會迎難而上，而所對治的障難也有十種。

這句偈頌唐譯本無，現依例補回。世親菩薩說：「菩薩為對治四念處障故修習四正勤。」接著說菩薩如何修四正勤輔助四念處來對治菩薩修行地道上的十種障難。

四十七－四十九　三捨及入地，住寂與得記，
　　　　　　　　　成生亦受職，淨土並圓滿。

菩薩以四正勤克服在各各地道修行時遇到的障難；第

一是捨著行：菩薩在生死輪迴中雖得勝生安樂樂果；仍會遠離對樂果的貪執。二、捨蓋行：在修法時，捨離貪、瞋、昏沉、掉舉和疑五種障蓋。三、捨下行：在各地道修行期間，捨離退墮大乘這種下劣作意。四、入地行：克服登入初地的障難。五、住寂行：克服能住於第七地無相境界的障難。六、得記行：克服進入第八地得佛授記的障難。七、成生行：克服進入第九地成熟眾生的障難。八、受職行：克服進入第十地得佛授記，接受代佛弘法利生事業的障難。九、淨土行：在三淨地修行，克服為獲得清淨報土的障難。十、圓滿行：克服圓滿佛果的障難。

五十　依止於欲故，起勤起精進，
　　　攝心與正持，十治修如是。

在強烈要斷除障難的願望驅使下，菩薩在各各地道修行期間，不斷使用精進、攝心和正持的便利方法，積極串習修行；從而發揮四正勤的作用。

應怎樣修持四正勤呢？世親菩薩說：「謂依欲起勤，依勤起精進攝心正持，是名修義。」菩薩因為具有斷除障礙的意欲，所以透過平等修、有相修、精進修積極修行；「平等修者，由正勤能令止觀平等故；有相修者，由止、

舉、捨三相合修故；精進修者，為斷止觀中沒、掉二障起精進故」。意思是說：當以四正勤修止觀時，有時會有相似寂止的昏沈，有時會有相似勝觀的散亂、掉舉出現；若修行人以正知正念明察後，隨宜以寂止相、勉勵相或平等捨相對治之，這就是發起精進的方法。而這三種方法具體可以攝心和正持統攝。「攝心者，謂奢摩他；正持者，若心平等則如是住如是正持」。修行人若想生起四正勤，就要懂得用止、舉、捨三相合修，例如修止觀時，當內心有散亂、掉舉、惡作等相似勝觀出現時，就以寂止例如九住心對治之；如內心有昏沈、睡眠等相似寂止出現時，應觀四念處對治之；當心平衡時，則以行捨心所（註釋240）產生心平等、心正直和心無功用性維持之。

辛三 修持四神足

五十一　分別四神足，略以三事解，
　　　　依止及方便，亦成就應知。

以三方面來說明神足：依止靜慮波羅蜜多而產生；運作的便利方法有起作、隨攝、繫縛和對治四種；成就有六種：能見、能授、遊戲、遊願、自在和得法成就。

先說神足四種所依和四種便利方法。

五十二－五十四　禪定所依止，差別有四足：
　　　　　　　　一欲二精進，三心四思維；
　　　　　　　　起作及隨攝，繫縛並對治，
　　　　　　　　隨次八斷行，三一二二成。

　　神足所依止的靜慮，其本體分為欲神足、勤神足、心神足和觀神足四種。而修持神足的便利方法，是對應斷除障礙三摩地成就而成立的八斷行。對應八斷行中的信、欲、勤而成立起作用方便；對應八斷行中的輕安而成立隨攝方便；對應八斷行中的念、知而成立繫縛方便；對應八斷行中的思、捨而成立對治方便。

　　神，指神通；足，指支分或基礎。神足，簡單來說是指成就神通的根本，亦可視作三摩地。欲神足，指以欲求無上菩提為助力而修的三摩地；勤神足，指以精進為助力而修的三摩地；心神足的心，專指造善業時，例如修佈施、持戒、安忍，透過思心所起心造業為助力而修的三摩地；觀神足的觀，專指慧多思少的伺心所；簡言之，可說以慧為助力而修的三摩地。

修持四神足有四種便利方法；這四種便利方法都是依斷除障礙，成就三摩地的八斷行的先後次序而成立。偈頌中的「三一二二成」，就是描述依這四種先後次序，完成總數為八的斷行。世親菩薩詳細說明：「八斷行者：一信二欲三勤四猗五念六智七思八捨。此中隨其次第以信欲勤三行成立起作方便；由信起欲，由欲起勤；如是次第故。」首先相信三摩地如耕種的土地，是獲得一切修行功德的根本；為了欲求三摩地而生起精進；所以信、欲、勤三者合稱為起信方便。「以猗一行成立隨攝方便；由猗息已，定得生故」。猗，即輕安（註釋241），在修禪定時當輕安生起，三摩地——定——便隨即而來；輕安，是隨攝方便。「以念智二行成立繫縛方便；由正念故心於定中不離所緣，由正智故心離所緣，覺已隨攝」。繫縛方便者，是指修行人的三摩地既生起，接著便要設法繼續維持它。怎樣維持三摩地呢？就是以念智這兩種斷行。念，指正念；智，指正知，一種對當下明了的心力；以正念將心繫於所緣境，不生離散；當心離所緣境有散亂時，正知便隨即察覺，將心再次繫縛於所緣境，「以思捨二行成立對治方便；由思故對治沒纏，由捨故對治掉纏；此二是諸煩惱對治故」。思，即察舉心，當昏沈、睡眠生起時，以思行對治之；捨，即行捨，能對治掉舉。思和捨，是對治分別念和煩惱八斷行中最後二種步驟。

修成四神足有何功德呢？

五十五　能見及能授，遊戲及遊願；
**　　　　自在並得法，成就此六種。**

　　修習四神足得六種成就：能見成就、能授成就、遊戲成就、遊願成就、自在成就和得法成就。

　　世親菩薩說：第一「能見成就者，謂五眼，肉眼、天眼、慧眼、法眼、佛眼此成就故」。我國傅大士（497-569）對五眼的詳細解釋：天眼通非礙，肉眼礙非通，法眼唯觀俗，慧眼直緣空，佛眼如千日，照異體還同；圓明法界內，無處不含容。第二「能授成就者，謂六通，依此能教授故；如其次第：身通往彼所；天耳通聞其音而說法；他心通知障有無，爲之除斷；宿住通知過去行，借力令知，使其生信；天眼通知死此生彼，令其生厭；漏盡通爲之說法，令得解脫」。修行人憑藉六神通力量可輔助自己弘法工作。例如見有可度者，便以身通前往彼處；以天耳通尋聲而救拔；以宿住通知彼過去業障，令他生信接受；天眼通知有情生死及死後投生何處，令其生起出離心；以漏盡通說清淨妙法，令彼遠離煩惱。第三「遊戲成就：此有多

種，指變化等諸定」。又例如能於諸佛淨土壇場中，顯現種種幻化神變而作遊戲舞。第四「遊願成就：謂入願力遊諸願果，謂放光發聲等，此不可數」。例如爲救度有緣眾生而投生六趣，廣作種種利眾事業而示現心之威力及妙音之功德。第五是「自在成就，謂十自在」。因爲菩薩平日積聚六度功德，再加上勤修四神足，所以招感十自在妙德果報。例如因無畏施而得一、壽自在，能隨意控制自己壽命長短；因法施而得二、心自在，能掌握自心不被煩惱控制；因財施而得三、資具自在，一切生活資具不用經營，自然得到。因持戒而得四、業自在及五、受生自在。前者由過去業因而隨意轉生某地利生自如；後者能安住色界定中，除了同時能於欲界中受生，亦能在入胎、住胎時都不受迷惑。因安忍而得六、意樂自在，能隨自己的意願將泥土變成黃金，將水化成甘露。因精進而招感七、願自在，凡夫因懈怠令所願難以實現；菩薩發願，是沒有心有餘而力不足的遺憾，惟是隨心而行，隨願而成。因靜慮而得八、神變自在，爲令有情生起信心，能顯示任何神變幻化，例如身出火焰；飛身和放光。因般若而得九、智自在和十、法自在，前者如得四無礙解，善說法要，辯才無礙，聽者愛樂，歡喜受化。後者能廣說八萬四千法門，令不同根基眾生，隨宜獲益。第六「得法成就：謂得得力、無所畏及不共法」。能成就佛究竟功德，如十力、四無畏和十八不共法。

註釋

240. 行捨：善心理作用一種，是精進、無貪、無瞋、無癡四心所和合下的特殊情況而產生作用。能對治掉舉，最初產生心平等的活動作用，繼而因離染而得心正直，最後令心不須防檢地無功用而住。

241. 輕安也屬善心所一種，能令身心遠離粗重，調暢輕快，適悅安樂。但輕安心所只有在禪定時與定——三摩地相應俱起，在平常散心時是沒有輕安的；所以世親菩薩説：一旦禪修中得到輕安，三摩地——定——便會生起。

應用思考問題

1. 菩薩經歷五位的修行歷程時，會遇上種種障難，這時菩薩就要依靠修持四正勤，克服在各各地道階位修持時遇到的十種障難，試依頌四十六至四十九說明之。

2. 試依頌五十說明菩薩如何修四正勤。

3. 世親菩薩在論釋中提到，若要生起四正勤，就要學會用止、舉、捨三相合修，試依論釋說明。

4. 修止觀最重要是達到行捨心平等、心正直和心無功用三種狀況，即頌五十所說的精進、攝心與正持的平衡狀態，試解釋何謂行捨。

5. 何謂「神足」？為甚麼神足與三摩地是同義詞？

6. 若就神足所依的靜慮波羅蜜多來分析，神足有四種：欲、勤、心和觀四神足，分別以欲心所、思心所和伺心所為助力而修三摩地；試分別解說之。

7. 八斷行是彌勒菩薩提出對治獲得三摩地的障礙的基本方法，可細分為起作、隨攝、繫縛和對治四個步驟；試依頌五十二至五十四說明。

8. 在彌勒菩薩另一本著作《辨中邊論》亦提到，八斷行可對治修止觀時的五過失，試略說明；並比較與世親菩薩為對治獲得三摩地的障礙，包括起作、隨攝、繫縛和對治這四種方便，二者有何異同。

9. 修成四神足是獲得一切修行功德的根本，就好像收成禾稻

就一定要依靠耕地一樣。例如五眼就是得四神足的能見成就；試解釋五眼。

10. 六神通是修行人得四神足功力後，用以輔助自己弘法利生的工作，屬教授成就；試說明之。

11. 菩薩平日修六度，並得四神足的自在成就；就可得如觀自在菩薩具有的十自在殊勝果報；試分別說明之。

《大乘莊嚴經論》第57講

　　上堂提到大乘修行人在資糧位主要以淨信為前提，修持四念處、四正勤和四神足。當中四念處是修行人聞思熏修佛所說的無我道理，知世間無常，國土危脆；五蘊無我，四大苦空。更加了解到現實種種心理變化現象並非心原來的本性，就初基修行人來說，認同心是惡源，形為罪藪；清楚知道現實自己的不足，還要了知原本心的本性本自清淨，猶如虛空，心識活動出現輪涅萬法，猶如虛空出現的雲霧客塵，使我們不能認清自心的清淨本性。四正勤，就資糧位菩薩來說，重於三捨：捨著行：遠離對五欲樂的貪執；捨蓋行：修止觀時，遠離五蓋障；捨下行：遠離退墮大乘這種下劣作意。而四神足主要提醒修行若要獲得功德，就要修得無分別的三摩地；重點是修八斷行——信、欲、勤、輕安、正念、正知、思和捨，來斷盡生起三

摩地的障礙。

今堂提到三十七覺分中五根、五力，是菩薩加行位所
修，見道菩薩修的是七覺分，而十地菩薩修的是八聖道。
加行位是以斷能取、所取，生起無漏智為主要目標，煖、
頂、忍的修行人在三摩地的支援下，透過先觀境空，後觀
識空，最後雙泯能所二取；而無漏智火亦先後透過信、
進、念、定和慧這五根增上力，增強成為對治不信、懈
怠、失念、散亂和邪慧的五力；最後進入世第一法，在無
間定的幫助下，經歷七覺分現觀諸法平等性──證悟人無
我、法無我；以及自他平等、所作平等及佛體平等正式出
現；見道登入初地。「菩薩入初地，建立於覺分；諸法及
眾生，於此得平等」。我們要注意，見道惟在無分別的根
本定下進行：「念伏於諸境，擇法破分別，進速無餘覺，
明增喜遍身，障盡猗而樂，諸作由定生；隨時所欲住，棄
取皆由捨」。當見道菩薩出定後，祂以捨覺支──行捨和
無量捨──選擇繼續走修道的路；這時菩薩雖有般若波羅
蜜多，但仍未夠火候轉依成佛；另一方面，斷阻修行的二
障習氣仍未完全淨化；所以菩薩還要繼續串習修持佛祖所
教授的八聖道──正見、正思惟、正語、正業、正命、正
精進、正念和正定，方能淨圓無上菩提。「一轉如前覺，
立分二亦然；次三三業淨，後三三障斷」。

七覺分和八正道是超凡入聖，淨圓菩提的非凡體驗；密宗往往以各種吉祥物，例如七政寶和八瑞相物，透過實設意變，獻給降臨道場的上師、本尊和空行，祈求加持。例如以輪寶代念覺分，以象寶代擇法覺分，以馬寶代精進覺分，以摩尼寶代喜覺分，以妃寶代輕安覺分，以大臣寶代定覺分，以將軍寶代捨覺分；又以酸奶表正見，寶鏡表正思維，右旋海螺表正語，木瓜表正業，芥子表正命，茅草表正精進，黃丹表正念，朱砂表正定。

辛四 修持五根

五十六　覺行聞止觀，信等根所緣；
　　　　增上是根義，成就利益故。

加行位菩薩修成三摩地後，於五種所緣境，例如菩提、菩薩行、大乘教法、止和觀，播下能引發見道的信、進、念、定、慧五種善根。由於五根能出凡入聖，結出證果，所以稱為根。

五根是初基加行位菩薩修持五種引發接近見道，出凡入聖的粗淺力量；這五種增上力因應三乘人不同根器，修

行所緣境亦不同。二乘人的五根所緣唯是四諦，而大乘人則以覺、行、聞、止和觀爲所緣對象。修持五根就如根芽般，能在猶如耕地的所緣境上開花結果。

辛五 修持五力

五十七　應知信等根，乘入於初地，
　　　　如是五根障，能贏故名力。

當加行位菩薩於世第一法階段時修持五根力量增強，成為五種能斷除不信、懈怠、失念、散亂和邪慧障礙的強大力量；這種不受障礙動搖的力量，就稱為力。

修持信、進、念、定和慧五種增上力時，會遇上不信、懈怠、失念、散亂和邪慧這些障礙；初基加行位菩薩例如煖、頂和忍位的菩薩，遇上這些障礙會難以剋制；所以稱爲五根，因爲祂們處於力量仍在增長的階段；但到了高階，例如世第一法時，這五種力量就能足以對治這五種障礙，令修行人證入見道位。

辛六 修持七覺分

五十八　菩薩入初地，建立於覺分；
　　　　諸法及眾生，於此得平等。

　　見道位菩薩登入初地時，證悟諸法平等——人無我、法無我，所以自他一切眾生皆平等無分別；這種證悟，稱為覺分。

　　世親菩薩解釋說：「問：云何覺？答：於一切法及自他身得平等解，如此名覺。如其次第，法無我及人無我故。」意思是：甚麼是覺分？現觀諸法平等、自他平等，就是覺。透過人無我先斷煩惱障，再透過法無我後斷能取、所取分別之所知障，這種現觀次第叫覺分。

　　接著彌勒菩薩以七政寶為喻，用四頌解釋七覺分。

五十九、六十　念伏於諸境，擇法破分別；
　　　　　　　進速無餘覺，明增喜遍身。

　　菩薩入初地時，不忘失在加行位所修習的正法，並以念覺分降伏以往未能降伏的境相，猶如轉輪王的輪寶能降伏邊境；以擇法覺分斷除對人我、法我的執著；證悟二無我理，猶如轉輪王以象寶打敗敵軍；以精進覺分速證真如

極際，猶如轉輪王以馬寶速窮大地邊陲；以喜覺支增長明量，破除昏暗，令身心遍滿歡喜，猶如轉輪王以摩尼寶光照破幽暗，內心極喜。

六十一、六十二　障盡猗而樂，諸作由定生，
　　　　　　　　隨時所欲住，棄取皆由捨。

破除障礙熄滅惡業後，以猗覺支得身心的喜樂，猶如轉輪王接觸皇妃寶感覺愉悅一樣；得到輕安後，並以定覺分生起後得智，成辦神通利生事業，猶如轉輪王得到臣寶一樣，能供應一切財政所需。最後，菩薩以無分別智處於等念怨親的無量捨和對治沉掉二邊的行捨的捨覺支，能自由遊走及安住於不同境界，就像轉輪王得將軍寶率領大軍隨行，獎善罰惡，四海清平，善能成辦轉輪王意願。

捨覺支包括無量捨和行捨；前者是四無量中平等地遠離帶有貪瞋的親疏愛親之分別，安住於平等捨；後者則是精進、無貪、無瞋和無癡的分位假法，一旦有障礙違緣出現時，即能對治；當障礙消除時，捨對治力令行者安住平等捨。

三十七菩提分法中的四念處、四正勤、四神足是資糧

位所修；五根、五力是加行位所修；兩類修行人均未見道，未得般若波羅蜜多，故仍是凡夫。而七覺分是見道位所修，與八正道是修習位菩薩所修；已獲般若波羅蜜多無漏智；故同爲聖人；在二乘是預流果或以上，在大乘是初地菩薩或以上。凡夫所修的勤、信、施、戒、忍和奢摩他，都只有善，沒有惡或無記；而慧和念，均有善惡和無記。值得一提的是，與世間不同，佛教的勤，專指勤於斷惡行善，故惟是善；而世間的信，可能是信奉無神或其他天人，但佛教的信，是信佛、法、僧三寶的實、德、能，故惟是善。此外，凡夫所修的善，因未有般若波羅蜜多，故仍屬有漏善，惟仍能招人天勝生安樂。

六十三　譬如輪王行，七寶爲先導；
　　　　　菩薩趣正覺，七分常圓滿。

就如轉輪王替天行道，以七寶爲先導；菩薩亦因具足七覺分而能恆常趣入無上菩提。

這頌在唐譯本置前，今依梵本校正。

六十四　依止及自性，出離與功德，
　　　　　第五說不染；此分有三種。

若就七覺分所包含無上菩提元素來分析：念是所依支；擇法是自性支；精進是出離支；喜是功德支；輕安、定和捨是無染支；輕安是無染因，定是無染所依，捨是無染自性。

世親菩薩解釋說：「七覺分如其次第：念是依止分，一切菩提分依此而行故；擇法是自性分，一切菩提以此為自體故；進是出離分，以此能令菩薩至究竟故；喜是功德分，以此能令心樂滿故；猗、定、捨三是不染分，猗是不染因故，這是不染依止故，捨是不染自性故。」精進是出離支，因精進能令菩薩出凡入聖，入聖後更地地勝進，例如超越勝解行地而登初地；最後輾轉增上至於佛地。

辛七 修持八正道

六十五、六十六　一轉如前覺，立分二亦然；
　　　　　　　　次三三業淨，後三三障斷。

八正道是菩薩於前段七覺分見道後，在修習位串習熏修，因而淨圓無上菩提；分別是第一、正見：於擇法覺分如實證悟二無我理，以無分別根本智串習熏修；二、正思

惟：將二無我理融會佛的教授、教誡，以有分別後得智教喻別人；三、正語；四、正業和五、正命：串習這三種修行，清淨語業、身業和生活方式；六、正精進；七、正念和八、正定：串習這三種修行，分別斷除智障、定障和自在障。

修行人於資糧位在淨信下精勤積習福慧資糧，修習有漏善，如佈施、持戒、安忍、靜慮；並聞思以隨順佛親證二無我理的大乘經典；到加行位勤修般若智火，經煖、頂、忍位遣除能取、所取分別執著；於世第一法住於一切無所執之三摩地，這時菩薩的大乘本性住種性成熟，大悲平等心油然生起；修行人經歷七覺分現證觀真如二無我理；登極喜地，生入佛家族。傳統說法，修行人由初發菩提心至現觀二無我，要經歷一大阿僧祇劫，以天文數字來表達，是十的壹佰零四次方再乘以四十三億二千萬年。接著再經歷另外第二個大阿僧祇劫，由初地至第七地串習修持，淨圓六度，尤其是般若波羅蜜多和滅盡定功德。這時修行主要修持八正道。

八正道，即是正見、正思惟、正語、正業、正命、正勤、正念和正定。世親菩薩這樣解釋正見：「如前位中如實覺後時隨轉，說名正見。」菩薩在見道時，以無分別無

漏根本智經歷七覺分，現觀眞如二無我理；出定後，以有分別無漏後得智隨順現觀眞如的體驗，並以這經驗作爲日後繼續串習修行章本。「如前位中自所立分而解，入佛經中如佛所立爲他分別」。菩薩以正見隨順眞如體驗，印證佛在經論所說，並以有分別無漏後得智教導眾生。前三種正語、正業、正命，是菩薩隨順眞如二無我理，淨化言語、行爲和生活方式三業的方法；正語，是斷除妄語、惡口、兩舌和綺語；正業，是斷除殺生、偷盜、邪淫三身業。正命，是斷除一切諂曲、詐現威儀等一切生活方式。後三種正勤、正念和正定，是斷除三種在修習位中修持菩薩瑜伽行時的障礙，這三障分別是智障、定障和自在障。世親菩薩解釋說：「由修正勤長時不退屈故智障斷，由修正念掉沒無體故定障斷，由修正定勝德成就，故自在障斷。」由於菩薩往後尚要修兩大阿僧祇劫，用以圓滿淨化煩惱習氣 —— 煩惱障和所知障，所以菩薩恆時修持，就是正勤。正念，是時刻對治昏沉和掉舉，保持內心明明了了。正定，對治自在障，所謂自在障，是指障礙菩薩以六神通來利益眾生的煩惱。

應用思考問題

1. 何謂五根？「根」是甚麼？為何五根屬初基加行位的修行？試依頌五十六説明。

2. 五力能對治甚麼障礙修行人見道的煩惱？為何五力是高階加行位的修行？根與力有何分別？試依頌五十七説明。

3. 何謂覺分？何謂七覺分？七覺分主要證悟甚麼？

4. 彌勒菩薩以輪王七政寶比喻菩薩的七覺分，輪王有七政寶，就能統一宇宙，令萬邦來朝；菩薩有七覺分，就能現觀真如，證悟諸法平等。試依頌五十九至六十二略説明。

5. 菩薩由上品世第一法到見道，主要修持七覺分，而七覺分是以四禪根本定引發出無分別的無漏根本智作為見道之目的。七覺分又稱為七覺支，試依頌五十九至六十二各別詳述七覺分內容。

6. 「捨覺分」包括四無量心的捨無量和行捨，這種由精進、無貪、無瞋和無癡之特殊情況下的心理作用，是一種強大的修行力量。前者是一種心態，因隨順真如人無我、法無我的精神而放下一切，抱持怨親平等的處世態度。後者是一種對治修行人失衡的方法，例如沉掉、放逸等。試依頌文「隨時所欲住，棄除皆由捨」及世親菩薩論釋説明捨覺分。

7. 試依頌六十四以所依、自性、出離、功德和無染五部份來分析七覺分。

8. 何謂八正道？試依頌六十五、六十六略說明。

9. 試依世親菩薩論釋詳解八正道內容。

10. 密宗供奉聖賢時，往往以實設意變的吉祥物代表內心的敬意和期盼；例如八瑞相物代表八正道，七政寶代表七覺分。試略言大概。

《大乘莊嚴經論》第58講

上幾堂介紹了大乘菩薩兩個修道正行之一——三十七覺分；而另一個就是止觀。在大乘來說，道就是智；而修道就是怎樣令未生起的無漏智——般若波羅蜜多生起，和怎樣淨圓無漏智的過程。大乘人和二乘人修的止觀不同，尤其《大乘莊嚴經論》提到的止，是透過對「全無外境，唯有內識」的理解，讓心經過內住、等住等九住心而得身輕安、心輕安，漸入三摩地；這就是止——奢摩他；誠如世親菩薩解釋彌勒菩薩「止」的定義時說：「謂心依止安而不見，心非無正定而立止故，是名止相。」而觀就是「正住法分別，是名爲觀相」。依世親菩薩的説法：「謂依正住分別法體，是名觀相。」分別法體，就是觀空。法體，就是空性。至於彌勒菩薩如何觀察空性，可從祂的《辨中邊論》中略知一二。彌勒菩薩說：「有漏的心、心

所活動是存在的，但在這心識活動上生起實有的能取——例如我，和所取——例如世法，其實能取的我、所取的法，兩者都是無的。在這心識活動中，只有空性存在。換言之，空性為體，心識活動為用；有虛妄心識活動，就有空性。所以諸法不能執為實無，亦不能執為實有；為甚麼呢？因為虛妄心識活動是存在的，但在這心識活動上的能取和所取卻不存在，於空性中有虛妄分別作用，從這些虛妄分別的作用中又有空性本體。若能了解這種『有、無及互有』的道理，就能契合佛教所說中道的本意。」「虛妄分別有，於此二都無，此中唯有空，於彼亦有此。故說一切法，非空非不空，有、無及有故，是則契中道」。

　　除了止觀，今堂彌勒菩薩繼續孜孜不倦，提出五種能有效地完善獲取無上菩提的方法：一、以無分別智令自成熟；二、以四攝令他成熟；三、以懺悔、隨喜、請轉法輪和迴向等菩薩勝願積聚資糧，速證菩提。這些菩薩的勝願多不勝數，例如《普賢行願品》的普賢十願和密宗修行的七支佛事，都是菩薩的勝願。四、以陀羅尼、三摩地二門成就事業。而第五種獲證無上菩提的善巧是無住涅槃。「自熟與成生，速果並作業，生死道不絕，說此為五巧」。菩薩要獲證無上菩提，就必須依這五種善巧方便。由於一方面不墮入二乘，另一方面又能自利利他，所以大

乘這五種善巧方便是二乘人無法比擬的。「菩薩巧無等，差別依諸地，能成自他利，說是名為業」。

庚二 略說止觀

六十七　安心於正定，此即名為止；
　　　　正住法分別，是名為觀相。

　　菩薩修正定令內心安住於全無外境、唯有內識那種寂靜境界，這叫止。由此能生起明了的洞察力，善巧地從諸法中找到真實義，這叫觀。

　　彌勒菩薩首先介紹止和觀的體相。世親菩薩說：「心依止安而不見，心非無正定而立止故，是名止相。」意思是說：修行人不見實有外境，但內識仍能起正定作用；故依之而安立為止。「依正住分別法體，是名觀相」。依靠寂止穩定地專注一境，能證悟諸法的實相，這就是勝觀。

　　接著說修止觀先後程序。

六十八　普欲諸功德，是二悉應修；
　　　　一分非一分，修有單雙故。

若修行人欲得各種功德，便應同時修習止和觀。修行人可選擇側重修止或側重修觀，而最後必須止觀合修。

　　世親菩薩引述佛說：「佛告諸比丘，若有所求云何令得？諸比丘，離欲離惡不善法，乃至廣說。諸比丘，有二法應須修習，所謂止觀。」若修行人欲求功德，則須於止觀悉應修習。與唐譯編排不同，梵本將頌六十八分成兩部份；「一分非一分，修有單雙故」為前半份；「普欲諸功德，是二悉應修」後半份與頌六十九併合。

六十九　能通及能出，無相亦無為，
　　　　淨土及淨果，是二即為業。

　　菩薩若欲於大乘五位獲取功德，必須修止和觀；例如在資糧位、加行位稱為依止修，進入初地是能通修；在初地至第六地稱為能出修；第七地是無相修；入二淨地是無為修；在三淨地菩薩為莊嚴淨土而修，稱淨土行；在三淨地為轉依成佛而廣積福慧資糧，稱淨果行。淨土行和淨果行便是止觀的作用。

　　換言之，止觀的體相是使內心先住於全無外境，唯有

內識的寂止境界；稱止。利用這種寂止境界營造出的超凡洞察力，找出諸法真實義，名觀。一般來說，修行人可隨其所誼單修止或單修觀，或止觀合修；但堅穩菩薩在成就菩提中欲獲功德，則必須兼修止觀；初基未見道登地所修止觀，稱依止修，入初地是能通修，初地至第六地是能出修，入第七地是無相修，三淨地是止觀無功用雙運，稱無為修。止觀的作用是莊嚴自己的淨土的淨土行和轉依成佛的淨果行。

己三 修行能增勝支

庚一 有效完善達到目的的五種修行便利方法

〈覺分品〉已講述了修三十七菩提分法的前行，包括八種覺分因：知慚具愧、大無畏、不疲厭、通達論典、掌握在具苦無我的世間中通變技巧、了知四量、四無礙解和福智資糧。又說明三十七菩提分法本體的四念處、四正勤、四神足、五根、五力、七覺分和八正道；以及止觀雙運。今堂開始說明如何有效地既以最善巧方法，又能依正道修持和獲得功德。

七十、七十一　　自熟與成生，速果並作業，

　　　　　　　　生死道不絕，說此為五巧。

　　　　　　　　菩薩巧無等，差別依諸地，

　　　　　　　　能成自他利，說是名為業。

　　菩薩能有效地、完善地達到修行目的的五種便利方法，分別是：一、以無分別智令自成熟；二、以四攝令他成熟；三、以懺悔、隨喜、請轉法輪和迴向等殊勝願力，令自他速證菩提妙果；四、以陀羅尼、三摩地二門成就事業；第五種善巧方便：無住涅槃。菩薩十地修行皆依這五種善巧方便。

　　對於第三種殊勝發願善巧方便，安慧論師引佛經云：「一切罪業應懺悔，一切福德應隨喜，一切如來應祈請，願我成就無上殊勝智慧正等覺。」第四種作業善巧方便，世親菩薩說：「以二門為巧方便；二門者，謂陀羅尼門及三昧門；以此二門能成就利益眾生業故。」修持這五種善巧方便，由於一方面不墮入二乘，另一方面則能自利利他，所以是二乘人無法比擬的。

庚二　菩薩陀羅尼

七十二－七十四　業報及聞習，亦以定為因，
依止此三行，持類有三種。
二小一為大，一大後三種，
地前與地上，不淨及淨故。
應知諸菩薩，恆依陀羅尼，
開法及持法，作業皆如是。

　　菩薩陀羅尼可分成三種：一、報得：由於往昔供養福田、累世多聞熏習、書寫讀誦、受持教法所得善根，所以對所有經論句義受持不忘。二、習得：今生認真聞思正法，能得深刻領悟，而對經論句義受持不忘。三、修得：今生依三摩地以殊勝正念與正知，將經論句義明現心中。此外，報得和習得這二種陀羅尼功效比較小，而修得這一種陀羅尼功效大。其中修得陀羅尼可依修行階位分三種：勝解行地人修得陀羅尼火候較弱；初地至第七地菩薩火候較強；三淨地菩薩火候最強；菩薩修陀羅尼除了令自己受持妙法，更能為他人開示妙法；這二種就是陀羅尼的作用。

庚三　菩薩起諸願

　　彌勒菩薩以自性、因、地、果、差別和業六義，說明

菩薩諸願。

七十五－七十七　思欲共為體，智獨是彼因。
　　　　　　　　諸地即為地，二果亦為果，
　　　　　　　　應知差別三，種種大清淨，
　　　　　　　　此業有二種，自利與他利。

　　菩薩發願是以思心所起業，並與希望得無上菩提果的欲心所相應，作為自性；再經由智慧將這種心願發動起來，這就是因；而菩薩在每一個修行階段所發願內容都不盡相同；菩薩即使單以心願，沒有發語身行，當下已能成就自他二利的即果，況且這心願透過迴向，亦能成辦自他二利的未來果。菩薩有三種發願：一、勝解行地的種種發願；二、入地菩薩的十大願；二、後後諸地的輾轉清淨發願；而菩薩發願有自利成就和利他成就兩種作用。

　　世親菩薩解釋「二果亦為果」時說：「二果謂即果及未來果，以諸願為因，心得遂故；心遂者，如心所欲皆成就故。又以願力遊諸願果，所謂身放光明，口發音響乃至廣說。」意思是說：菩薩發願功德非常稀奇廣大，單憑心願，就算沒有發語身行，都已獲心想事成的即果功德；況且再以智慧——例如無分別智將發願功德迴向法界，將來

就能成辦自他二利的未來果。又解釋「應知差別三」說：「差別有三種：一種種，謂信行地願如是如是欲得故。二廣大，謂入地菩薩十大願故。三清淨，謂後後諸地輾轉清淨，乃至佛地極清淨故，是名差別。」意思是說：凡夫修行人因未證真如，因而隨著種種境相而發種種大願。初地菩薩十大願，分別是：一、以清淨心供養諸佛；二、不忘失佛的教行果證；三、請佛轉法輪；四、願一切眾生行持菩薩行；五、成熟三乘根器眾生；六、能知將來待化之有緣眾生各別淨穢刹土情況；七、願眾生往生淨土；八、願與一切菩薩共同成長，同證菩提；九、願自己身口意業沒有遺漏地全部奉獻給眾生；十、願得無上菩提。所謂清淨發願是指由二地起，所發妙願，地地超勝清淨，至佛地究竟清淨。

應用思考問題

1. 菩薩和二乘人共同所修正行除了三十七覺分外，還有止觀。大乘與二乘所修止觀不同，尤其是彌勒菩薩的瑜伽行派猶具「全無外境，唯有內識」，以提昇精神力量為修行主導的特色。試以頌六十七為例，說明大乘菩薩止觀的體相。

2. 釋尊明確指出止和觀是比丘必修科目。初基修習以先止後觀，最後修持以止觀雙運為穩妥。試以頌六十八說明。

3. 依頌六十九說明菩薩在五位十地各階段修行止觀有何特色。

4. 彌勒菩薩依個人修行經驗提出五個有效並圓滿達到獲取無上菩提的方法。試依頌七十、七十一說明。

5. 彌勒菩薩心目中認為大乘修行人能成就利益眾生事業最重要，並認為陀羅尼和三昧兩種善巧方便法門足可成就利生事業。試略釋陀羅尼和三昧的意義。

6. 試略述陀羅尼三種種類。在報得、習得和修得這三種陀羅尼中，何者功效大？何者功德小？

7. 試依頌七十二至七十四說明陀羅尼的作用。

8. 菩薩的殊勝發願，是有效地圓滿獲取無上菩提五種善巧方便之一，傳統上，以《華嚴經‧普賢行願品》中，普賢菩薩所發十大願為代表，試略述之。

9. 試依頌七十五至七十七，從自性、因、地、果、差別和業

等六個範疇分析菩薩所發起諸種勝願。

10. 依《華嚴經・十地品》說明，當修行人見道入初地時，會發入地十願，試分別說明之。

《大乘莊嚴經論》第59講

　　上堂已説明菩薩獲取無上菩提妙果的五種善巧方便，包括以無分別智自成熟，以四攝法成熟他，以菩薩勝願加速積聚資糧，以陀羅尼和三昧來成就事業，最後以無住涅槃爲善巧方便。「自熟與成生，速果並作業，生死道不絕；説此爲五巧」。由於無分別智、四攝法、無住涅槃已廣爲宣説，所以彌勒菩薩只補充説明陀羅尼、三昧和勝願。今堂提到等持和等持的所緣境——諸行無常、諸法無我。

　　今堂開始説等持。等持即三摩地或三昧，成就無上菩提——自利利他——菩薩事業之一。以前提過，生死輪迴生命的本質是無我、苦性；「生死苦爲體，及以無我性」。所以佛常以四法印來勉勵修行人要不放逸而修空、

無願和無相三解脫門。修行人修等持時面對一切事物的三性：具言說自性的名言分別概念，具離言自性的五蘊身，具圓成實自性的真如體，以應知、應斷和應作證的態度取捨；這就是空、無願和無相三種等持的意思。

接著彌勒菩薩仔細解釋諸行無常和諸法無我的意義。「行」，粗略可解作有為法，具有遷流變動的意思。無常，有兩層意義：宏觀世界的相續無常和微觀世界刹那生滅的無常。但世人由於無明蔽目，看到由因緣諸力刹那變異的東西，便認為是真實，例如執實有「去」和「所去的人」、「去處」；其實這些都是觀待某人、某處、諸因緣的刹那變化和合而矣。誠如古德說：「若執著生起，則失正知見。」所有「去」、所有「老」、所有「得」，都是有為法在不知不覺下刹那生滅相續的分位假法，當我們驀然回首，嘆息曾積聚的盡皆消散，雖然那時不曾珍惜，但失去後卻又執著戀戀不捨。誠如聖天菩薩說：「世人所謂活，唯心刹那頃；眾生不了彼，故自知甚少。」畢竟，世俗凡夫將自心置於欲望主導的物質世界下，礙於爭名逐利，個個張眼外望，世間上具足意願並能清楚認識自心的會有幾人？

庚四 能清淨道之等持

辛一 宣說三等持

七十八 應知二無我，及以二我依；
**　　　二依常寂滅，三定所行境。**

　　等持有三種：空、無願和無相；空等持的所緣境是人無我和法無我；無願等持的所緣境是執著人我、法我的所依——五取蘊；無相等持的所緣境是恆常遠離人我、法我，寂滅一切相的圓成實性。

　　世親菩薩說：「彼三種所取體為三種境界，彼三種能取體為三種三昧；是名三三昧。」三昧即定。意思是說：作為主體的三種定，因應對人我、法我的分別、所依和本體而所取境界亦有三種。分別，即遍計所執性；所依，即依他起性；本體，即圓成實性。

七十九 空定無分別，無願厭背生，
**　　　無相恆樂得，彼依常寂滅。**

　　三等持的能取主體是空、無願和無相；所取境是人我、法我的名言自性，人我、法我所依的離言自性，於離

言自性五取蘊上人我、法我的圓成實自性；而實際的意義就是無分別、厭離和樂得。

世親菩薩說：「問三三昧名義云何？空定無分別者，無分別義是空三昧義，由人法二我不分別故。無願厭背生者，厭背義是無願三昧義，由厭背我執所依故。無相恆樂得，彼依常寂滅者，樂得義是無相三昧義，由樂得彼所依畢竟寂滅故。」意思是：空三昧對人法二我不作分別，無願三昧是厭離人法二我的所依——五取蘊；無相三昧是樂於現證恆常遠離人法二我的真如境界。無分別、厭離與樂得，正是三三昧的真實意義。

八十　應知及應斷，及以應作證；
　　　次第空等定，修習有三種。

為甚麼要修三等持呢？修空等持，是要了知人無我、法無我；修無願等持，是為了斷除對五蘊身的執著；修無相等持，是為了體證諸法實相都是寂滅的。

世親菩薩說：「此中為知人法二無我故修空三昧，為斷彼二執所依故修無願三昧，為證彼依畢寂滅故修無相三昧。」

辛二 三等持的所緣境 ― 四法印

壬一 總說四法印

八十一　如前三三昧，四印為依止；
　　　　菩薩如是說，為利群生故。

　　菩薩修習三等持，主要是印持佛陀曾向大眾宣說的四種諸法法義；宣說這四法印，是為了利益眾生的緣故。

　　世親菩薩說：「四法印者，一者一切行無常印，二者一切行苦印，三者一切法無我印，四者涅槃寂滅印。此中應知，無常印及苦印為成無願三昧依止，無我印為成空三昧依止，寂滅印為成無相三昧依止。菩薩說此四印為三三昧依止，皆為利益諸眾生故。」

　　接著彌勒菩薩略解釋無常、無我、苦和寂滅的意義。

八十二　無義、分別義，不真分別義，
　　　　息諸分別義，是名四印義。

對於菩薩來說，世間沒有既橫跨兩剎那間，又能恆常存在的東西；執著有恆常的東西，這只是三界眾生無明分別帶來的煩惱；能、所在虛妄分別中是不存在的；去除人我便能寂滅一切分別。無、分別、不真分別和息諸分別，是四法印的意義。

世親菩薩說：「此中說菩薩以無義是無常義，由分別相畢竟常無故。」所謂諸行無常，「行」是遷流變動的意思，由於一切現象都是遷流變動，所以諸行是指一剎那的事物或一切現象。換言之，無常有兩層意義，從宏觀的世間現象總體來說，是相續無常；而從微觀的個別事物來說，是剎那無常；「以分別義是無我義，由分別相唯有分別」。所謂諸法無我，是指心識活動皆由眾緣集起，雖有唯是假；純粹是虛妄活動；諸行無常、諸法無我，都是從事物的依他起性而言；而「不真分別義」，是指三界眾生於事物無常、無我的依他起性上執取有常，有能取、所取，這些顛倒妄執都是痛苦之因。誠如世親菩薩說：「不真分別義是苦義，由三界心、心法為苦體故。」這就是有漏皆苦的意思，「息諸分別義，此是真實相」。當串習修持正行例如修止觀三等持至究竟時，寂滅一切分別相；便證悟圓成實自性，到達寂靜涅槃境界。

壬二 安立諸行無常

癸一 總說諸行無常

　　彌勒菩薩再仔細分析諸行無常，提出成立從微觀世界中，一切事物剎那剎那生滅，沒有一件能橫跨兩剎那間而存在的事物的十五項證據。世親菩薩說：「復以剎那剎那壞爲無常義。問云何成立剎那壞義。」

八十三、八十四　　由起及從因，相違亦不住，
　　　　　　　　　　無體與相定，隨轉並滅盡，
　　　　　　　　　　變異因亦果，執持與增上，
　　　　　　　　　　隨淨及隨生，成義有十五。

　　以下是十五項成立一切有為法都是剎那生滅的理據。第一、由起：諸行相續，剎那生起，後行相續，接著在同一剎那壞滅。若果只有剎那生起，沒有剎那壞滅的話，就不可能相續生起。第二、從因：前剎那壞滅是後剎那生起的因，所以諸行才能相續不斷。第三、相違：生起與壞滅因為不能共存，所以才形成在時間上有一先一後，符合諸行相續的運作模式。第四、不住：剎那生起的事物不會單獨地一直不變地存在。第五、無體：事物生起即壞滅，

無須其他令其壞滅的因。第六、相定：猶如火有熱性，體相決定故；佛亦說過：「有為法有為相一向決定，所謂無常。」第七、隨轉：事物的生滅是每一剎那接著發生，並非整個過程同屬一體；猶如涉水過河，今日和昨日所涉之水不會相同。第八、滅盡：前一剎那壞滅，才能令下一剎那生起，如是持續。第九、變異：所有事物每一剎那都在變化，由於變化細微，難以審察，所以誤以為是同一體。第十、因：如果承認心是剎那滅，而心的起因是色法等諸行；則由於果是剎那滅，其因亦是剎那滅；因為常因不可能生起無常果。第十一、果：色法等諸行是心識之果，果同樣亦是剎那滅；因為無常因不可能生起常果。第十二、執持：根身諸行由心識攝持故生；猶如人死身心分離，身無觸受且會腐爛，故知諸行是心之果；心因是剎那生滅，根身器界諸行果亦復如是。第十三、增上：如佛說：「諸法心先導，心主心所作」；故知諸行是心之果。第十四、隨淨：如修行者心定則諸行隨定心轉變，故知諸行是心之果。第十五、隨生：作惡業者所得外物皆下劣，作福眾生所得外物一切妙好，故知諸行是心之果，心因是剎那生滅的，諸行果亦應是剎那生滅的。

世親菩薩說：「如是總成立一切內外諸行是剎那已，次別成立內法是剎那。」大略來說，所謂內諸行，是指微

觀的心識爲主導的心相續的世界；所謂外諸行，是指宏觀的世界幻化羅網的世界；前者是刹那生滅無常，後者是相續無常。前者如瀑流的水滴，後者如整條瀑流。

癸二 別說彼義

首先以十四種現象說明內在刹那生滅。

八十五、八十六　　初起及續起，長起及依起，

變起及熟起，劣起及勝起，

明起無明起，及以異處起，

種起無種起，像起十四起。

綜觀三界生命十四種現象，發覺都具無常性和刹那生滅性。哪十四種呢？一、初起：最初自體存在的狀態。二、續起：除初起刹那，其餘刹那生滅。三、長起：睡眠、飲食、節制、營養等發展增長。四、依起：謂眼等諸識依止眼等根才生起。五、變起：由於貪瞋癡，因而令身體產生變化。六、熟起：由初生嬰兒漸次成長為青年、中年和老年。七、劣起：三惡道生起。八、勝起：三善道生起。九、明起：欲界天的化樂天和他化自在天、色界、無色界天生起。十、無明起：除明起處外，其他處生。

十一、異處起：即此處死，彼處生。十二、種起：除了阿羅漢最後身外，其餘處生。十三、無種起：阿羅漢雖再無生死輪迴種子，但入無餘依涅槃間有剎那相續之生。十四、像起：由於修成八解脫，以禪者自在力生起諸物質形狀影像。

世親菩薩說：「十四者像起，謂入解脫禪者定自在力故諸行像生。」意思是：修持八解脫時（註釋242），所顯現的影像都是隨心的轉變，由於心是剎那生滅，所以生命是剎那性。

接著，彌勒菩薩以九種因，說明以上十四種內在生命現象是剎那生滅的。

八十七－八十九　　續異及斷異，隨長亦隨依，
　　　　　　　　　　住過及去過，無住無無死，
　　　　　　　　　　亦有隨心相，行者應當知，
　　　　　　　　　　如此九種因，成前十四起。

以九因成立前面十四種生命現象的剎那生滅。第一、以續異成立第一初起：如果最初起時因體無有差別，則以後時諸行也無差別；由於因有差別故，彼後其餘諸行剎那

得以成立。第二、以斷異成立第二續起：倘若一一剎那無有差別因，則後後的形狀和數量不可能顯現有差別，由於剎那間有斷異，所以諸行無常得以成立。第三、以隨長成立長起：如果諸行安住不變，不可能長養諸行圓滿。第四、隨依成立依起：猶如識依於根，識有剎那生滅，而吾人之根身無剎那生滅的話，於理不通。第五、住過成立變起、熟起、劣起、勝起、明起和無明起：成立變起和熟起者，若說生命初起後不會剎那變化的話，那麼生命便只會維持原貌而不會有任何轉變，猶如我們看到嬰兒會變成老人；這說明生命會因隨著不同的剎那生滅而形成不同的結果。同樣道理，成立劣起、勝起者，由於不同的善行和惡行於心相續內每個剎那都會輾轉積集，於是形成不同的果報。成立明起、無明起是剎那生滅者，若明起或無明起不會令意識改變的話，眾生的生命質素亦不會有任何改變。第六、去過成立第十一異處起：若一事物缺乏一個變化過程，它便會寂然不動，一直會維持原貌；若說它變化去了另一處也說不通，因它的變化其實是上一剎那的延續，而不是無緣無故地由另一處生起了一種事物。如此有無量種種因緣相續，故安立假名為「去」。第七、以無住成立第十二種起：如果諸行剎那生滅，眾生生命種子壞滅後才會生起。第八、以無無死成立第十三無種起：若果沒有剎那生滅相續，阿羅漢入無餘涅槃後不會有清淨生命生起。第

九、以隨心成立第十四像起：心識活動有剎那生滅相續，不同的生命影像才會生起變化。

　　世親菩薩解釋以第六「去過」成立異處起時說：「我今問汝：諸行去作為起已，將諸行往餘處，為不起將諸行往餘處，若起已將往者此處起已，餘處不起此即是住，而言去者是義相違；若不起將往者不起則本來無去，而言去者此語無義。」意思是說：若執著實有「去者」和實有「去」這回事，就產生兩難，將諸行往至餘處名為去，這不合道理。試問：諸行之去，是行者已起後，將諸行往至餘處？還是行者未起而將諸行往至餘處？若是前者，行者起後將諸行往至餘處，則此處起已，餘處不起，此即是安住，不應說為去；若是後者，行者不起而將諸行往至餘處，則是本來無去，也不應說是去。又說：「又復若諸行去作住此處，即作所作令諸行去，是亦不然，住則不得到餘處故；若諸行到餘處方作所作，是亦不然，無有離去而有諸行到餘處故；若此處住若餘處住，離諸行處畢竟求作不可得，是故不異諸行相續而有去，作去既無體則剎那義成。」意思是說：此外，執著實有「去者」和「去」這回事，作者和去這回事是一是異？亦會兩難。若諸行去，而行者安住此處，即作所作令諸行去，此亦不合理，因為安住則不能到餘處故；若諸行到餘處，方作所作，此亦不合

理，因為沒有離開「去」而有諸行到餘處故。不論此處住還是餘處住，離開諸行之外，畢竟求實有一個「去者」是不可能的。故此，不能離開諸行相續而實有「去」這回事，如此不能造作出實有「去」這回事，所以諸行剎那生滅的道理是成立的。世親菩薩又解釋別人的質疑說：「若汝言若實無去，云何世人見去？應說：由無間相續，假說名去，實無去體。」意思是說：若有人質疑，倘若沒有「去」這回事，為甚麼世人見有「去」這種現象？世親菩薩解惑說，由於無間相續，假說名「去」，但「去」是沒有實體的。「若汝言後有何因，諸行得相續去。應說：因緣無量，有心力自在如威儀等去，有宿業自在如中陰中去，有手力自在如放箭擲石去，有依止自在如乘車乘船去，有使力自在如風吹物去，有自體自在如風性傍去、火性上去、水性下去，有術力自在如依咒依藥在空而去，有磁石自在能令鐵去，有通力自在如乘通去；如是等有無量因緣，能令諸行相續假說名去」。這是因為有無量因緣和合散離的作用；例如心力、宿業、神通、物體運動等，能令諸行相續，假名為去。

註釋

242. 八解脫：修持三摩地依解脫情況分為三個層次階段：第一層次由欲界至色界的三摩地，包括前三個解脫，一、內有色想觀外色解脫：帶有形色而觀看諸形色。二、內無色想觀外色解脫：內部方面，並不帶有形色之概念認定；外部方面，觀看諸形色。三、淨解脫身作證具足住：成為勝解於單純為淨美，透過親身證悟之後，已經具足之後，安住。第二層次是無色界解脫，包括四個解脫階段：四、空無邊處解脫：全然地超越有關形色之諸般概念認定，滅除有關對立之諸般概念認定，從而不將有關多樣性之諸般概念認定放在心上，而就所謂的「虛空是無邊的」，已經具足虛空無邊之處所之後，安住於所具足。五、識無邊處解脫：全然地超越虛空無邊之領域，而就所謂心識是無邊的，已經具足或實現、獲得心識無邊之領域之後，安住於所具足。六、無所有處解脫：全然地超越心識無邊之領域，從而就所謂的那是毫無所有的，已經具足或實現。獲得毫無所有之領域後，安住於所具足。七、非想非非想處解脫：全然地超越毫無所有之領域，從而已經具足既非有概念認定，亦非無概念認定之領域，安住於所具足。第三層次是聖人解脫之三摩地，指八、滅受想定身作證具足住：全然地超越既非有概念認定，亦非無概念認定之領域之等至，從而已經具足概念認定暨感受之熄滅，安住於具

足。最後第八種解脫是超越整個生命世界之解脫，歸於熄滅和無為的心解脫。攝錄自蔡耀明《佛學八解脫之解脫學理的探究》。

應用思考問題

1. 彌勒菩薩認為修行人能專攻三摩地，是速能成就無上菩提的方法之一。祂於頌七十八就仔細將三種三摩地介紹給大家，所謂空、無願和無相，試分別說明。

2. 試依頌七十九和八十說明三等持如何對治人我、法我和對治後所得結果。

3. 三等持是對應佛陀所說四法印的道理——諸行無常、諸法無我、有漏皆苦和涅槃寂靜的一套修持方法，試依頌八十一至八十二說明。

4. 甚麼是諸行？請略說明諸行無常的意思。

5. 無常有微觀世界的剎那生滅無常和宏觀世界的相續無常，何以無常與剎那壞滅有關？

6. 試依頌八十三至八十四說明成立一切有為法都是剎那壞滅的論據。

7. 試依頌八十五至八十六說明生命現象是剎那生滅的十四種論據。

8. 就算瑜伽行派強調「全無外境，唯有內識」，但是內識所變現的現象，例如在修行八解脫三種不同層次的境界，都會隨著修行人定力深淺而剎那生滅，這才有修行成佛的可能。試依內在生命第十四種像起，並以八解脫為例說明修行境界之剎那性，從而說明修行功德如積無量水滴成大海；積無量沙粒而成大地；要日積月累，日日改過遷善，

經十年二十載才初見成績。

9. 彌勒菩薩以九種原因證明十四種生命現象是剎那生滅的。
   試依頌八十七至八十九三頌說明。

10. 世人會質疑：沒有實際「來去」這回事，去只是觀待某
    人、某處剎那生滅的生起的現象，那為甚麼世人會見到實
    有的「去」這回事？試依世親菩薩《論釋》說明。

《大乘莊嚴經論》第60講

　　上堂我曾引聖天菩薩說：「世人所謂活，唯心剎那頃；眾生不了彼，故自知甚少。」提到上一秒的張三不同於這一秒的張三；這說明了一切現象皆是剎那生滅。然而，雖然世間無論內外諸法均剎那生滅，但因眾生因緣業力而令其外表相續不斷，就如電影由每格圖畫連續投影在螢幕，於是出現種種故事、情節，令我們在虛擬的世界中出現種種情感投入，繼而作出計度分別。例如由這個五蘊身的外表似乎相續不斷，而產生能自在宰制者的「我」，有情識生命的「有情」，壽命延續的「命者」和不斷生死輪迴的「補特伽羅」分別計度；但這都是虛假想像，都是只有言說自性遍計下產生的「人我」分別。釋尊在菩提樹下，從諸行無常剎那生滅的現象中，領悟到諸法無我的緣起真理；不單找到煩惱源頭——因為人類於無我中計我，

所以引起生命的染污，貪瞋癡生焉；所以勉勵信眾從具苦性的五蘊身開始，穩妥地斷除「人我」的執著，從而證入「人無我」這解脫的磐石。「人假非實有，言實不可得，顛倒及染污，染因成立故」。

接著彌勒菩薩要糾正佛滅後，上座犢子部提出的說法：「補特伽羅是實有，但與五蘊身是一是異，是常抑或是無常卻不可說。」祂先後從現量、比量和聖言量反復論證，重新穩妥佛說諸法無我的法印，並確信犢子部說法有違佛法。「若執：『人是實』，一異應可說；一異不可說；此說則無理」。如果「人我」是有實體，那麼和五蘊一樣都可見，並可分別兩者是一是異。事實上，在日常生活中，有實體的東西就有作用，例如有眼根就可見色境。「汝執實人中，何業可成立，無實強令實，違佛三菩提」。見到色境只需眼識，卻不需要有一個作者——例如「我」這個外緣。如果真的有一個實體——例如「我」這類作者去看、聞、覺、食和知，那為甚麼這個「我」不維持自己所喜愛已生的境界，遠離那些未生而又討厭的境界呢？所以認為實有一個「我」去看乃至知，這種見解極不合理。「二有故識起，人緣則非義，好滅及惡生，言生復非理」。若人我就是見這功用的主體，那麼即使眼根受損，單獨靠「我」亦應能見。

最後，彌勒菩薩解釋為何佛在經典中往往提到某人在修菩薩行，某人證得聖賢果；其實都是以人無我為前提，為了方便修行人在抉擇何者是染污，何者是清淨；並要清楚劃分修行境界級別，所以才假說人我。「由依染淨法，位斷說有異；行異相續異，無實假說人」。事實上，佛說無我就是要糾正眾生無始以來「我見」的習氣，和要根斷因我見而起的煩惱；誠如《能斷金剛般若波羅蜜多經》提到，若修行人執自己是阿羅漢，自己趣入大乘修行，自己曾救度無數眾生；佛說這人不是阿羅漢，更不是見道菩薩，因為真正的聖賢已證「人無我」，已根斷「人我」顛倒。「不為起我見，由見已起故，無始已習故，無用應解脫」。

承接說明內在諸有為法無常，彌勒菩薩接著以三頌十四種原因說明外在諸有為法無常：

九十－九十二　　由滋及由涸，性動增亦減，
　　　　　　　　二起與四變，薪力及漸微，
　　　　　　　　亦說隨心起，及以難問成，
　　　　　　　　一切諸外法，無非剎那體。

有十四種原因成立地、水、火、風、聲和無表色皆是剎那生滅。水有時滋長、有時乾涸。風動則增盛，靜則減弱，甚至寂止。地最初是由風和火這二種原因形成；其後地表會因眾生的業力、人為的挖鑿、四大如風、火、水等侵蝕和滄海桑田等地殼變動，所以亦是剎那性。火就因有薪柴而燃燒，薪柴盡焚則火滅；聲亦因音量由大漸微而有剎那性。無表色亦隨著起心動念而出現剎那性，例如隨心高下而在受戒時出現戒體的上、中、下品。

無表色，唐譯作理法入色。當戒師向受戒者提問「能持某戒否」時，隨著受戒者內心清淨誠懇程度，從而激發出一種力量，這種力量由四大所造，有物質基礎卻又不能見到，亦有人稱為業或種子。

接著，世親菩薩在論釋以燈焰為例，說明上述提到諸行剎那生滅而出現相續安住的現象。「若汝言何故現見燈焰念念滅，燈炷如是住？應說汝見非見，由炷相續剎那剎那有壞有起，汝不如實知故。」意思是：有人質疑，如果燈焰是念念生滅的話，為何我們見到燈炷都是炯然安住呢？解惑：你所見並非真實，因為你未能如實了知燈炷相續剎那剎那有生有滅。「若汝言諸行剎那如燈焰者，世人何故不知？應說由諸行是顛倒物故，相續剎那隨轉，此不

可知而實別別起；世人謂是前物生顛倒知；若不爾則無無常常倒，倒體若無染污亦無，復從何處而有解脫？」意思是說：有人質疑如果燈炷跟燈焰一樣剎那生滅，何故世人竟然不知道？解惑：這是世人的顛倒見，剎那剎那地生滅是極微細的，世人察覺不到改變，並誤以為跟前物和上一剎那物是一樣，故而執無常為常。若事物是常，污染亦無，更談不上修行解脫了。

以上是彌勒菩薩透過分析無論內外諸法均剎那生滅而無常，稱剎那無常；又從其相續不斷，稱為相續無常。而人無我就是在諸行無常中建立五蘊等內外諸法因剎那無常，而成立沒有一個獨立自主的「我」。有人質疑：所謂人我是有？還是無呢？

彌勒菩薩繼續解說：

九十三　人假非實有，言實不可得，
　　　　　顛倒及染污，染因成立故。

人我本質上只是世間約定俗成的言說，實際上人我並非實有。世人覺得人我是實有，只是因為顛倒見；生起這些顛倒見的原因，是因為有貪等染污而生起對我和我所有

的執取。

世親菩薩詳細解說：「人假非實有者，可說人是假名有，非實體有；若如此則不墮一向執，離有無故。」所謂「人我」，只是假名安立施設，非眞實有；假名有，又作「假說」、「假設」、「施設」、「安立」；透過意識將意念建構成名言概念，「人我」只是一個歸類概念，沒有實體。接著世親菩薩解釋說，假名有的「人我」毫不眞實，沒有修行上的價值。「問：人是實有云何知無？答言：實不可得。由彼人不如色等有實可得，非覺智證故。」這些假名有的東西，無論在世間或是出世間上都沒甚價值，除了不像四大所成物質可以在某程度上有實體，可受用外，於出世間修行上亦不能以正智來體驗。世親菩薩然後解釋佛所說「無我計我，是名顛倒」這警句，「問：云何知是顛倒？答：由染污故。身見是染污，所謂我、我所執；若不顛倒，則非染污。問：云何知我執是染污？答：染污因故。由我執爲因，貪等染污得起；是故知是染污。」因爲有我執爲因，才會生起貪瞋癡等煩惱，而我執主要是指有染污性的身見，執著可壞的五蘊身爲我、我所；但修行人應明白到自己的五蘊身雖具苦性、無我性；畢竟是一切修行解脫的基石，故要多加關注和保養。

接著彌勒菩薩分析只有言說自性的「假我」，與具有離言自性的五蘊身究竟是一是異。「問：如汝所許於色等五陰說人假有，此人與陰為一為異？」

九十四　假人與實陰，不可說一異；
　　　　若說一異者，則有二過生。

不能說只有言說自性的「人我」跟有實體的五蘊身是一體或是異體；因為這樣說會導致二種過失。如果說「人我」跟五蘊身是一體，「人我」便被視為實有；如果說「人我」跟五蘊身是異體，「人我」亦被視為是能離開五蘊身而能獨自存在的實有體。

彌勒菩薩反駁小乘犢子部說我是實有，但與五蘊是一是異，卻不可說。

九十五　若執「人是實，一異應可說；
　　　　一異不可說」，此說則無理。

以前有小乘犢子部的修行人違反佛意說：「補特伽羅是實有，但與五蘊身是一是異，是常或無常卻不可說。」這明顯有違佛的教導。

小乘犢子部說：「我雖實有，但與五蘊身是一是異猶如火與薪柴卻不可說。」彌勒菩薩反駁：「若果我是實有的話，則我與五蘊身是一是異都可說；同時，佛亦未說過薪柴與火是一是異不可說。」彌勒菩薩接著分別以現量、比量和聖言量辟邪理正。

九十六　異相及世見，聖說亦不然，
　　　　　火薪非不說，有二可得故。

　　犢子部以火和薪柴作譬喻並不合理；第一，兩者體相不相同；火是火大，薪柴是四大所造色。第二，世間常識亦有離火之薪和離薪之火。第三，佛在經論中亦未曾說過火與薪是一是異不可說。

　　世親菩薩在論釋中提到，犢子部所指若人我是實有，則必然可見，「火和薪」是一是異亦可現見：「若汝言非離薪見火，風即是薪者不然；有二可得故，由火之與風二相別故。」意思是說：犢子部問：在甚麼情況下見到有離薪之火出現？世親菩薩回應說：世人以肉眼可看到有離薪之火，例如鐵和石相擊亦有火花出現。如是駁斥了犢子部所說：「我雖實有但猶如薪柴一樣，與五蘊身是一是異，

是常或無常卻不可說。」而彌勒菩薩就反駁，薪柴與火皆可見到，而且熱性的火大和地性的柴薪，兩者體性不同；所以所舉喻不足以說明人我實有。

外人質疑說：「日常生活中，明明我能見能聽；何解沒有我呢？」

解惑：

九十七　二有故識起，人緣則非義，
　　　　　好滅及惡生，言生復非理。

見到色境只需眼識，卻不需要有一個作者例如「我」這個外緣。如果真的有一個實體例如「我」的作者去看、聞、覺、食和知；那麼這個「我」為何不維持自己喜愛已生的境界，遠離那些未生的討厭境界呢？所以認為實有一個我去看乃至知，這種見解極不合理。

九十八　汝執實人中，何業可成立？
　　　　　無實強令實，違佛三菩提。

日常生活中，例如眼根可見色境，但你所執著的人我

就如石女兒般沒有作用。如果你再執著沒有實體的人我為實，便違背了本師三種菩提。

世親菩薩解釋三種佛菩提：「一者甚深菩提，二者不共菩提，三者出世菩提。」這裡所謂「菩提」，可淺解作智慧；意思是說：若犢子部執著有不可說的補特伽羅，那麼便不能通達遍計無我這種甚深菩提、依他起名言中有這種不共菩提和圓成實自性的出世菩提。接著，彌勒菩薩再仔細分析人我若是見者乃至知者，就會產生矛盾。

九十九　若用自然起，即有三過生；
　　　　若以人為緣，眼等則無用。

若人我是見這功用的主體，那麼眼根等是有功用抑或無功用？若說眼根是有功用的，則會有三種矛盾。若果說眼根無功用，只是以人我為緣，見時不需眼根；則若視覺神經受損，亦應能見。

彌勒菩薩先指出，若說眼根能自行作用，不須人我為緣，便出現三種矛盾。

一〇〇　人非作者故，用非常起故，

起非一時故，自起則不然。

若說眼根不須以人我為緣，就能自行生起，則會產生三種矛盾。第一，眼根在睡著或閉目時亦恆常能見。第二，眼根既然能恆常作用的話，則其他如耳根乃至意識亦應恆常自然生起，不會出現睡眠和麻醉的情況。第三，若眼根恆常自然生起，則其他感覺和知覺亦應一時間同時作用，那麼當我們專心思考時，便不應出現視而不見，聽而不聞的現象。

若說眼根只屬暫時性，要與實有的人我一併作用才能見乃至能知，則亦會有三種矛盾情況出現。

一〇一　人住用先無，人壞則人斷，
　　　　　更有第三體，為緣無此義。

若說眼根是依靠常有的人我為緣才能見，則第一，為何這個常有的人我會出現睡醒這種先無後有的現象？第二，若說人我會先壞滅，然後再生起，這樣會壞滅的人我便不是常有。第三，若說人我有時常，有時無常，這便違反邏輯。

世親菩薩總結頌九十三至一○一說：「如是依道理說實人不可得。」之後彌勒菩薩以三頌引佛經說明人無我，「我」，只是一種追求自我永生延續的意願。

一○二　諸法無我印，及說真實空，
**　　　　有我有五過，是故知無我。**

佛說一切東西都具無我性；它們自性本空；人們在這些東西生起並執著有能取、所取，所以形成五種過失。

世親菩薩引三本佛經解釋無我。《法印經》說：「一切法無我。」《真實空經》說：「有業有報作者不可得；捨前陰起後陰，起滅唯法。」《增五經》說：「若執有我有五過失：一者墮於見處起我見、命者見；二者同於外道；三者僻行邪行；四者於空不欲不信不住；五者聖法不得清淨。」

質疑：如果人無我，為何多本佛經常說某人證某某果？

一○三　由依染淨法，位斷說有異；
**　　　　行異相續異，無實假說人。**

佛為了方便修行人在抉擇何者是染污法，何者是清淨法，並且為令修行人清楚判別在斷除煩惱上的修為水準級別，所以假立某人在清淨修行，修行人是地前菩薩抑或地上菩薩，若不作此假立，則不能作出具體指引和分類。但總括來說，佛仍然說，人無我。

世親菩薩引《知經》說：「何等諸法謂染污法，何等為知謂清淨法。」又引《負擔經》說：「何者負擔謂染污法，何者棄擔謂清淨法。」並指出若佛不作修行上及相續上差別，佛便不能指引弟子們如何修持菩提分法。

一〇四　不為起我見，由見已起故，
##　　　　無始已習故，無用應解脫。

相反來說，若佛認為實有人在修行，實有人證果；那麼佛就不須說法。因為佛說法，就是要糾正眾生無始以來已積習我見的習氣，和因我見生起的煩惱。佛堅定地指出，修行人若不能根除實有我這種顛倒，修菩提分法便毫無作用，亦不會帶來解脫。

到此，〈覺分品〉已圓滿講述。彌勒菩薩再孜孜不倦

地勸勉修行人要修好菩提分法和止觀；以這爲基礎，再加上度攝功德；自利利他，普度眾生的願望再不是空言。

一〇五　慚羞等功德，菩薩常具足；
　　　　　自利既不捨，亦令他利成。

　　菩薩應按著知慚具愧八種覺分前行，深入修持三十七菩提分法和止觀雙運直至體證人無我，這樣自身修行才得圓滿；而且還要對眾生不捨不棄，完成大乘人普願眾生，自他成就菩提的心願。

應用思考問題

1. 除了內在生命現象剎那無常，外在有為法亦有十四種原因 證實為無常；試以頌九十至九十二說明。

2. 世間無論內外諸法均剎那生滅，而其外表卻看似相續不 斷；所以人就從五蘊中虛假地設想出一個獨立自主的 「我」。而我們因這個五蘊身的外表似乎相續不斷，因而 產生有能自在宰制者的「我」，有情識生命的「有情」， 壽命延續者的「命者」和不斷生死輪迴的「補特伽羅」， 但這個由虛假想像出來的「我」；只有遍計所執言說自 性，毫無價值。試依頌九十三說明。

3. 有些人認為釋尊最偉大的事業是在菩提樹下，從內外諸行 無常剎那生滅相續無常，領悟到諸法無我的緣起真理。例 如世親菩薩在頌九十三論釋就提到由於無我計我，所以引 起生命的染污為一切煩惱的來源；所以勸勉信眾要從自身 具苦性無我的五蘊開始修行，是很穩妥的解脫基石。試引 論釋說明。

4. 彌勒菩薩提到不能將只具有言說自性的「人我」與具有離 言自性的「五蘊身」視為相同或相異，否則無論人我即五 蘊身或人我獨立於五蘊身外，「人我」都說成是實有體。 試依頌九十四說明。

5. 彌勒菩薩對犢子部提出「補特伽羅是實有，但與五蘊身是 一是異，是常或無常則不可說」不以為然，並指出這種說

法有違「諸法無我」的法印。試依頌九十五説明。

6. 彌勒菩薩先以現量並以火薪為例；提到若「人我」是實則必可見，「火和薪」是一是異亦可分判，從而推翻犢子部以火薪為喻説補特伽羅實有的見解，並確立「人我」不可能實有；試以頌九十六、九十七説明。

7. 彌勒菩薩再以比量提出世間事物中有實體就必有作用，例如眼根就有見色境的功能，試依頌九十八至一〇一説明。

8. 彌勒菩薩從現量、比量説明「人我」只是眾生希望自我生命延續的一種妄見執著，接著引佛所説之聖言量，説明執實有「人我」會有五種過失，請依頌一〇二説明。

9. 佛在經典上雖為了方便修行人在抉擇染污和清淨法，以及要清楚劃分修行境界級別，所以假立某人在修清淨行，某人證得聖賢果位等等，但這些都是以實無「人我」為大前提而説，試依頌一〇三説明。

10. 佛説無我，就是要糾正眾生無始以來積習「我見」的習氣，和要根斷因我見而生起的煩惱。就如佛在《能斷金剛般若波羅蜜多經》提到，若修行人執自己是阿羅漢，自己是趣入大乘的菩薩，自己曾救度若干個眾生，這人就不是阿羅漢，更不是地上菩薩；因為真正的聖賢已證「人無我」，已根斷了「人我」顛倒。試依頌一〇四説明。

《大乘莊嚴經論》第61講

　　修行人發菩提心後經無量歲月，克服無數挑戰；在無疲厭、不墮入小乘和無分別智三種精神狀態下供養諸佛，親近善知識，堅毅修持六度、四攝、三十七覺分和止觀；如是獲多種修行功德；例如登入初地時成爲佛家族成員，第八地時得佛授記於某時在某地成佛，第十地時接受諸佛授予教化眾生的職責，並且成就佛果。

　　諸佛菩薩最大的功德就是以慈悲平等心饒益有情。今堂，彌勒菩薩除了在世間倫理層面敍述母子、父子、朋友、伴侶、上司下屬、在家師父與徒眾、出家和尚與僧眾，應在何等道德規範下，如何保持良好關係；例如母親要給予生命、不分彼此愛護長幼、教子女行善積福、遠離險地陷阱和學習說話；父親則要負責養育子女、教曉他們

謀生技能；爲他們選擇伴侶、建立家庭、供書教學，在必要時更要爲其償還債務。對善友就要細心聆聽心事，勸朋友莫作諸惡，並鼓勵奉行眾善，教導朋友遠離引誘和陷阱。伴侶間要共享快慰安樂生活，令家居整潔，令老伴得到圓滿善終，終生爲家庭提供豐饒的生活資具，至死不渝地互相照顧扶持。下屬要不懈怠完成吩咐工作；誠實可靠；縱遇上不合理的待遇，亦能安忍；除份內工作，下屬亦要甘心情願完成附加工作；並且時常設法改善工作效率。在家或出家的師父將一生所修所證，無保留地教喻不同根器弟子，將教法精髓跟弟子共同分享，對善信要和顏悅色，語言親切，不爲資財教法。出家和尚要完善僧伽制度，化度群眾出家；爲弟子授戒；要定期舉行誦戒布薩，令眾人遠離毀犯；爲寺內僧眾提供日常資用；教授僧眾佛法。

在六親人倫的基礎上，菩薩更要以平等心修持六度，並以六度饒益眾生。「令器及令禁，耐惡與助善，入法亦斷疑，亦行饒益事」。

修持大乘正行由五種準備工序 —— 明信、述求、弘法、隨修和教授開始，接著，以無疲厭、不墮入小乘和無分別智慧三種心態，正式修持包括六度四攝、供養諸佛、

親近善知識、四梵住；以至三十七覺分和止觀；當菩薩善根成熟，便獲登地多種修行功德。

第二十二　功德品

戊五　〈功德品〉

己一　修行之功德

庚一　希有

一、二　捨身及勝位，忍下亦長勤，
　　　　不味不分別，六行說希有。

　　勇毅菩薩會以身命供奉眾生，十分難得；祂為了嚴守清淨戒律而甘願放棄尊貴的世俗地位，十分難得；基於不害心而不傷害及安忍比自己弱勢眾生的侵損，十分難得；祂能無了期而不煩厭地斷惡修善，十分難得；祂不耽逸在禪定中所得喜樂，十分難得；祂不會如聲聞人般分別四諦，而是因大悲平等心而證得無分別智，十分難得。

　　世親菩薩說：「慧行者，若能起無分別智，則為希

有，餘非希有；若聲聞人分別四諦而有厭離。」三乘修行人雖同因無分別智而見道，但稀有菩薩能以無分別智激活心相續內大乘種性種子，成熟大悲平等心而見道，所以十分難得。以上是菩薩稀有的六度。次說大乘菩薩登地後得四果的稀有。

三　生在如來家，得記並受職，
　　及以得菩提，四果說希有。

　　登地菩薩入初地時正式成為佛家族成員；修持到第八地時得佛授記；到第十地成為法王子，得諸佛白毫放光灌頂，受職教化眾生，最後成就無上菩提，成就佛果。

　　接著，彌勒菩薩說到堅毅大乘菩薩以離欲、大悲、無分別和平等精神積極修持六度，成就佛果是必然、非稀有的事。「非希有」，意思是達致絕不困難，成功是必然的事。

庚二　非希有

四　離欲與得悲，勝修及平等；
　　依此修諸度，是行非希有。

堅毅菩薩以離欲善施行持佈施、持戒，以大悲行持安忍，以自然而然無分別這種殊勝修持方式行持精進、禪定和般若；以自他平等行持諸度，如此得到無上菩提，並非難事。

世親菩薩提出修持六度重點在於懂得自他平等；因為大乘修行長路漫漫，而無量眾生亟待化度；懂得自他平等的話，就知道利他等於自利，這樣就能克服退失大乘的弊病，才能在三大阿僧祇劫中隨緣做佛事，化度有緣人。

庚三 平等心

五　菩薩愛眾生，不同生五愛；
**　　自身與眷屬，子友及諸親。**

眾生有五種貪愛，貪愛著自身、眷屬、兒女、親戚和朋友；不同於菩薩平等地愛護一切眾生。

六、七　無偏及無犯，遍忍起善利，
**　　　　禪亦無分別，六度心平等。**

菩薩因具有平等心，行持佈施時沒有分別親疏，持戒時無論是粗或細的戒亦不會違犯；對一切順逆環境或是勝劣眾生皆能安忍；雖恆常安住於清淨無漏定境，但為利益眾生，遇上有緣善根者亦會出定而顯示神通；無論在初基發心乃至究竟成佛，菩薩均以無分別三輪體空來行持智慧。

　　世親菩薩解釋「禪亦」兩字時說：「禪亦者，是學定心平等。菩薩修定亦爲起諸善根及爲起諸利益而精進故。」意思是：菩薩以平等心行持靜慮度，除了恆常安住於清淨無漏定境外，當遇上有機會化度有緣眾生時，亦會出定，以神通攝引之。

庚四　利他

辛一　以六波羅蜜多饒益眾生

八、九　令器及令禁，耐惡與助善，
　　　　入法亦斷疑，亦行饒益事。

　　菩薩以六度饒益眾生；以佈施令貧窮者成為行善的法器；令眾人明白持戒的利益，使他們有能力持戒；受眾生

違逆損害亦能安忍而不報復，令他們安心；縱遇困難也能幫助眾生行持善法；以禪定力顯現神通，令眾生歸入正法；以智慧斷除眾生對三乘教法的疑惑。

辛二 以七喻宣說饒益之相

十、十一　等心生聖地，長善防諸惡，
　　　　　教習以多聞，五業如慈母。

　　菩薩就如慈母般以五種行為饒益眾生：第一、菩薩如慈母愛護每一個孩兒般，平等地對待一切眾生；第二、菩薩如慈母給予孩兒生命般，指導眾生進入各種修行階段；第三、菩薩如慈母哺育孩兒般，教導眾生積習福慧善根；第四、菩薩如慈母教孩兒遠離險地般，提醒眾生諸惡莫作；第五、菩薩如慈母教孩兒學語般，令眾生廣學多聞，增長智慧。

十二、十三　令信令戒定，令脫令勸請，
　　　　　　亦為防後障，五業如慈父。

　　第一、菩薩如慈父播下生命種子般，令眾生對佛生起淨信；第二、菩薩如慈父教子女技能般，令眾生修習戒定

慧三學;第三、菩薩如慈父為子娶媳婦般,令眾生得到解脫喜樂;第四、菩薩如慈父為子女延聘良師般,祈請諸佛常轉法輪,成為眾生良師益友;第五、菩薩亦像慈父為子女清還欠債般,教導眾生遠離煩惱業障。

十四、十五　秘深及呵犯,讚持與教授,
##　　　　　　令覺諸魔事,五業如善友。

菩薩像善知識般饒益眾生;第一、對劣慧有情,菩薩會保留甚深教法秘而不宣;第二、為令眾生停止作惡,菩薩會對犯戒者直斥其非;第三、為鼓勵眾生行善,菩薩會稱讚具戒者;第四、為令眾生速得成就,菩薩會向法器教授要訣;第五、為令眾生遠離陷阱險地,菩薩會懇切地指出眾生修行的中斷違緣,例如遇到妙欲的引誘、惡友的惑亂等這些魔事。

十六、十七　與樂及與剎,樂恆利亦恆,
##　　　　　　及以不離散,五業如同侶。

菩薩像伴侶般饒益眾生;第一、猶如伴侶會帶來快慰,菩薩會帶給眾生勝生的安樂;第二、猶如伴侶會帶來世間物用不匱的享受,菩薩亦會指引眾生積習往生善趣的

善根資糧；第三、猶如伴侶會終此一生帶來圓滿的終結，菩薩亦會安置眾生於涅槃解脫之地；第四、猶如伴侶終生會提供豐饒的生活資具，菩薩亦會莊嚴淨土，攝引眾生；第五、猶如伴侶終身至死不渝，互相扶持，菩薩對眾生亦不離不棄，不厭倦地恆常利益他們。

十八、十九　成生開出要，忍害與二成，
　　　　　　示以巧方便，五業如健奴。

　　菩薩猶如忠僕般饒益眾生；第一、猶如忠僕懷歡喜心、不懈怠地辦妥主人的囑咐，菩薩亦恆常精進地成熟眾生；第二、猶如忠僕做事誠實可靠，菩薩不會歪曲事理，例如會向眾生直言三界猶如火宅，在輪迴中無論順逆都是痛苦之事實；第三、猶如忠僕能順受主人責打，菩薩亦能安忍眾生對自己的損害；第四、猶如忠僕能完成主人的吩咐，菩薩亦能令有情得到世間和出世間成就；第五、猶如忠僕有巧妙便利方法做事，菩薩亦能令眾生掌握勝生安樂、定善解脫的便利方法。

二十、二十一　遍授及示要，舒顏亦愛語，
　　　　　　　不求彼恩報，五業如闍梨。

菩薩猶如阿闍梨般饒益眾生；第一、以自己所修所證之三乘教法攝受不同根器弟子；第二、菩薩猶如阿闍梨開示教法精髓，教授能速疾成就的止觀法門；第三、菩薩如阿闍梨和顏悅色，對眾生常露笑容；第四、菩薩如阿闍梨語言親切，常以愛語攝受眾生；第五、菩薩如阿闍梨常以慈心說法，不求資財；恆常利益眾生，不求回報。

二十二、二十三　令滿及令脫，斷障與世樂，
　　　　　　　　及與出世利，五業如和尚。

菩薩如和尚般饒益眾生；第一、猶如和尚化度群眾出家，菩薩亦令眾生圓滿福慧資糧；第二、猶如和尚為弟子授戒，菩薩亦令具足福慧資糧的眾生速得解脫；第三、猶如和尚令弟子斷除惡行，菩薩亦教導眾生斷除煩惱障礙；第四、猶如和尚供應弟子日常資用，菩薩亦教導眾生如何獲得勝生安樂；第五、猶如和尚教授弟子佛法，菩薩亦教導眾生如何獲得定善解脫。

和尚，即寺院的住持，為管理該寺院的首長。而阿闍梨不一定是出家人，只要自己修持如第八地菩薩，堪作眾人修行典範就可以；猶如俗稱師父。

應用思考問題

1. 說菩薩功德希有，意思是指菩薩功德十分難得；見道菩薩修持六度四攝，自利利他有六種十分難得的功德，試依頌一、二說明。

2. 初地菩薩堅毅不退地修菩薩行，到十地圓滿時，得到四種難能可貴的異熟果，試依頌三說明。

3. 行持大乘雖經漫長三大阿僧祇劫，學習無量法門，化度無邊眾生，表面看似十分艱難，其實並非難事；試依頌四說明。

4. 跟眾生分別親怨的小愛不同，菩薩以平等心行持大愛，試依頌五至七說明。

5. 菩薩與眾生結緣，除了以平等心之外，還以清淨六度來饒益一切有情。請依頌八、九說明。

6. 菩薩生活在世間，難免有親友人倫關係。彌勒菩薩就以父母、師長、伴侶、下僕、在家者的師父、出家者的住持和尚這些人倫關係，開展一堂佛教倫理課；除了說明世間一般人倫關係外，還說到作為菩薩怎樣對待今生與自己有緣，生活在同一居住圈的親友。試依頌十至頌十三大　說明。

7. 世間父母親應如何養育子女？菩薩又如何以這種精神饒益眾生呢？試依頌十至十三說明。

8. 世間上朋友間應如何相處？為何「秘深及呵犯，讚持與教

授，令覺諸魔事」都圍繞「善友親近、惡友遠離」這中心規範？試依頌十四、十五說明。

9. 與一同組織家庭的伴侶應如何相處？菩薩應如何本著這種精神，去饒益同活在地球村的眾生？

10. 有社會制度和經濟活動，就必有社會分工、地位尊卑之別；一般領導人和下屬之間應如何相處？菩薩又應如何構建這和諧無諍的經濟體？

11. 在家師長名阿闍梨，出家師長名和尚；前者以出世佛法饒益眾生，後者以六和敬之世、出世間法饒益眾生，師弟人倫之間有何權利和義務？菩薩於世間又應如何御眾呢？

《大乘莊嚴經論》第62講

　　菩薩住於無疲厭、不墮入小乘和以無分別智三種精神狀態，堅毅地修持六度、四攝、三十七覺分和止觀，在菩薩地道中獲取功德。菩薩更以大悲平等心將這些功德與大眾分享，甚或奉獻身命，饒益眾生。總之，菩薩於三大阿僧祇劫行持六度，積聚無量福慧資糧，成就無上菩提。

　　修持六度有眞修持和假修持、有效修持和無效修持的分別，其中只有眞修持和有效修持才能如期獲得修行功德。彌勒菩薩繼續開示，以十六個面向簽分眞正和有效修持六度，獲得修行功德的方法。以佈施爲例：第一、菩薩要以身命奉獻眾生；第二、以離欲善施的精神佈施；第三、以怨親平等，不分親疏來佈施；第四、藉著佈施感動那些 —— 尤其是貧窮的人士，使之成爲樂於行善者；第

五、以不貪著資具受用去佈施，報答佛恩；第六、以祈望眾生無漏善根日日增長之勝願來佈施；第七、希望眾生善行福不唐捐，必招樂報來佈施；第八、以不求回報來佈施；第九、不保留丁點的貪欲來佈施；第十、不假意承諾，到別人眞的有求時卻不給予佈施；第十一、在初地時，以永斷慳貪的決心來佈施；第十二、當修行至我相不起時，佈施成爲佛爲自己授記條件之一；第十三、未成就無上菩提之前，佈施能招感圓滿受用的果報；第十四、以恆時供養諸佛，親近善知識來圓滿佈施行爲；第十五、在未成佛前，生生世世都厭離貪愛；第十六、認識到在財施、法施和無畏施中，法施較爲殊勝。各位修行人，修行以佈施爲起點，大家要切記如何才是眞正的佈施和如何令佈施有效運作啊！不要虛耗在假佈施和無效的佈施行爲上；因爲具足暇滿人身，又值遇佛法的機遇是十分難得的。

庚五 報佛恩

二十四、二十五　不著及不犯，知作亦善行，
　　　　　　　　如是修六度，是報菩薩恩。

對應菩薩饒益眾生，眾生亦以行持六度以報佛恩。眾

生不貪著資具受用，以佈施報恩；不毀犯教誡，以持戒報恩；知道佛一向慈愍眾生，自己應以堪忍眾生諸多惱害來報佛恩；積極地去惡行善，修持定慧，以精進、靜慮和智慧報答佛恩。

庚六 希求

二十六　六增及六減，成生與進地，
　　　　大覺是五處，希望有五種。

　　菩薩對眾生有五種期望：第一、希望眾生不斷增長行持六度善行；第二、希望眾生減少因慳吝乃至無明這六種行持六度的障礙；第三、希望眾生未信者信，信者安住善根，無漏善根令得成熟；第四、希望眾生早日登地，登地後地地輾轉增勝；第五、希望眾生早證無上菩提。

庚七 依菩薩所教，福不唐捐

二十七　斷怖與發心，除疑亦起行；
　　　　四事化眾生，必定不空果。

　　由於菩薩以四事利益眾生：第一、為眾生宣說大乘甚

深教法，令自他遠離怖畏；第二、教導眾生發大菩提心，令自他必得佛果；第三、斷除眾生對發心修行的疑慮，令自他菩提心不退轉；第四、菩薩坐言起行，令自他恆持六度；所以眾生若依菩薩所教修行，功德自然福不唐捐。

世親菩薩說：「諸菩薩四業利益，眾生必不空果。」不空果，指菩薩教導眾生修持大乘法門，眾生必得相應的福果，努力不會白費泡湯。

庚八 真實正行

二十八、二十九　　離求離後有，遍起諸功德，
　　　　　　　　　　修禪捨無色，智合方便行。

菩薩在正確動機下行持六度：佈施不求回報；持戒、安忍亦不為來世得樂果；精進不懈為圓滿大乘一切地道功德，縱能入無色定也捨棄投生不能救度苦難眾生的無色天；以三輪清淨無分別及迴向大菩提為修持般若正行。

庚九 損減與增長修行功德的分別

三十、三十一　著財與毀禁，慢下將墮善，
　　　　　　　　　啖味亦分別，是退翻為進。

　　菩薩行持六度時，如果仍然貪著財物、疏忽大意、不敬有德、好逸惡勞、味著禪悅、慣於斤斤計較的話，便會減損功德。如果能對治以上的缺失，功德便能增長。

庚十 真假修行的分別

三十二、三十三　假許及詐相，誑喜亦偽勤，
　　　　　　　　　身靜口善說，是似翻即真。

　　虛假地行持六度猶如影像，純屬門面功夫；不能如實獲得六度功德。例如假意承諾施予財物，但當別人真的有求時卻不施予，就是假佈施；表面裝成嚴守戒律，詐現威儀，但內心覆藏諸惡，就是假持戒；表面顯示善容，說話柔和，但內心卻待時報復，就是假安忍；表面說為求出世解脫果而修行，但實則只求世間有漏福報，就是假精進；表面裝成調柔止語，身處寂靜，但散亂圍繞著思緒，就是假靜慮；表面善巧圓滿，高談空義，但自身不能以無分別而住。上述六種都是浮於表面，矯詐地行持六度，反之就是真正能獲功德的六波羅蜜多。

庚十一 調伏眾生令離六蔽

三十四　與彼六度行，除彼六蔽障；
　　　　菩薩化眾生，地地皆如是。

　　菩薩在十地修行中，每地都以六度對治眾生的六種障蔽；例如初地以佈施度對治慳貪，二地以持戒度對治毀犯，三地以安忍度對治瞋恚，四地以精進度對治懈怠，五地以靜慮度對治散亂；乃至六至十地分別以根本智般若、後得智善巧、願、力和智慧度對治眾生愚癡。

　　世親菩薩說：「眾生有六蔽能障彼六波羅蜜：所謂慳貪、破戒、瞋恚、懈怠、亂心、愚癡，菩薩如其次第，給其所須令行布施，乃至令行般若，使彼眾生得除六障；即是與施乃至與智。」這裡所謂智，指的是第十地菩薩以智慧度脫眾生的愚癡。

庚十二 得佛授記修行人的種類

三十五、三十六　授記有二種，人別及時別，
　　　　　　　　轉記及大記，此復為二種：

八地得無生，斷慢斷功用，
諸佛及弟子，一體同如故。

堅毅菩薩得佛授記，大致可分兩大類；以人作分類有四種：一、仍未發菩提心，但具足大乘種性者；二、已發菩提心者；這兩類人皆蒙佛預言未來必能獲得無上菩提；三、現前授記：例如佛會在法會中當面授記彌勒菩薩成佛；四、不現前授記：佛預言某修行人會紹隆佛種，例如龍樹菩薩。而以時間作分類的有兩種：確定時間和不確定時間。此外，授記亦可分成轉記和大授記：一、轉記：佛預言某菩薩往後會遇到某佛授記；二、大授記：第八地菩薩一方面得無生法忍，證得人無我而斷除我慢，另一方面修行無分別智純熟，不見諸佛菩薩跟自己有何分別；因而證得同一真如所顯佛體平等，得大授記境界。

世親菩薩說：「大授記者，謂在第八地中得無生忍時，由斷自言『我當作佛』慢故，及斷一切分別相功用故；得一切諸佛菩薩同一體故。問：云何同一體？答：不見諸佛菩薩與自己身而有時別。何以故？同一如故。」「同一如」，意思是：諸佛與眾生皆是真如法界上的用，所以諸佛與眾生，例如「我」是同一以真如為體。

三十七 剎土及名號，時節與劫名，
眷屬並法住，記復有六種。

此外，授記包含了六個範疇：會提及那位菩薩的剎土名稱，成佛時的佛號，成佛的時間，成佛時屬那段劫位，眷屬有多少和正法住世延續多久。

庚十三 決定

三十八 財成及生勝，不退與修習，
定業無功用，六事決定成。

菩薩由開始修持直至得無上菩提前；祂們決定得到六種功德果報。例如恆持佈施，決定得到圓滿受用；恆持戒律，決定投生善趣；恆守安忍，則縱於三界輪迴，亦決定不會退轉；恆常精進，決定善行不斷；恆常靜慮，決定得到以神變能力利益眾生的事業；恆修般若，決定自然而然以無分別智住於三輪體空境界。

世親菩薩說：「五者定業決定，由禪成就眾生業永不退故；六者無功用決定，由智得無生忍無分別智自然住故。」定業，這裡專指菩薩以神通救度眾生的使命和事

業。無功用，指自然而然，不需額外添加動力。

庚十四 無疑應作之分類

三十九　供養及學戒，修悲亦勤善，
###　　　　離誼深樂法，六事必應作。

　　菩薩必需恆時供養諸佛，才能圓滿佈施度；要持戒恆不失壞，才能圓滿持戒度；要恆修大悲心，才能圓滿安忍度；要恆時不放逸斷惡行善，才能圓滿精進度；要恆時遠離熱鬧諍擾的地方，才能圓滿靜慮度；要歷劫遍聞諸佛說法，才能圓滿智慧度。

庚十五 恆常修學

四十、四十一　厭塵及自省，耐苦修善法，
###　　　　　　　不味不分別，六行必常起。

　　為了成就圓滿六度，菩薩應恆常修習六事：厭離貪愛；時刻提防毀犯越軌的意圖和行為；接受痛苦；於十地中恆修波羅蜜多；不沈溺禪天愉悅，甘於在欲界度生；對一切事物不著相。

世親菩薩說：「諸菩薩爲成就六度故，必應常作六事：一者厭塵，謂知五欲過失，譬如糞穢，雖少亦臭，布施果報，雖多亦苦；由不著故能行三施；此事常修則檀度圓滿。二者自省：謂晝夜六時常自省察所作三業，知過則改；此事常修則戒度圓滿。三者耐苦，若有他來作諸不饒益事，及自求法忍諸寒熱等苦；此事常修則忍度圓滿。四者修善；善謂六波羅蜜，於諸地中此事常修則進度圓滿。五者不味，謂不啖禪中勝樂，恆來欲界受生；此事常修則禪度圓滿。六者不分別，謂於三輪異相不起分別；此事常修則智度圓滿。」這裡所謂不分別三輪異相，是指不執著諸法的能取、所取之相；因爲無相是究竟實相的屬性，亦是般若的所緣境。

庚十六 最勝所修

四十二　法施及聖戒，無生起大乘，
　　　　定悲如實智，六行此為勝。

六度各有不同種類，菩薩應主力修學其中最殊勝的一種。例如佈施中的法施，持戒中的無漏戒，安忍中的無生法忍，精進中以發大乘心普度眾生最勝，安住於大悲平等

心的第四靜慮最勝，如實通達人無我、法無我的諸法真實義則是最勝的般若。

世親菩薩說：「定有多種，以出世第四禪與大悲合者而爲最上。」出世第四禪，指捨念清淨地。

應用思考問題

1. 報答佛恩是菩薩得到修行功德的表現，猶如凡夫有謀生本事，賺錢後才有能力孝敬父母一樣。試就頌二十四至二十五說明菩薩以甚麼本事報答佛恩。

2. 菩薩對眾生有五種期望，試依頌二十六說明。

3. 依著菩薩所教去修行，必獲「不空果」，所謂修行功德成果不會泡湯。試依頌二十七說明。

4. 修行有真假之分，例如想別人稱讚，做門面功夫，這是假修行。菩薩若真修實證，必由純正動機發動。試依頌二十八至三十三；合共四頌說明。

5. 菩薩在修行六度時，有甚麼方法能增強力量？試依頌三十至三十一說明。

6. 試依頌三十五至三十七說明何謂授記和授記的種類。

7. 以修持六度為因，必得哪六種果報？試依頌三十八說明。

8. 當修持六度時，必需具備六種元素，才能令修行圓滿。試依頌三十九說明。

9. 修學六度要持之以恆；嚴格來說，修行人在三大阿僧祇劫無量歲月中，每日都要堅持修持六度。試依頌四十至四十一說明每日要做甚麼才能圓滿六度的修持。

10. 何謂不分別三輪異相？為何說這是無分別智的特點？試依世親菩薩所說解釋。

11. 六度各有種類；其中有特別重要的，例如佈施有財施、法

施和無畏施，彌勒菩薩就認為菩薩主力要修法施；所以法施在佈施中最殊勝。試依頌四十二說明六度中各度何種為殊勝應修。

《大乘莊嚴經論》第63講

　　彌勒菩薩在歷劫修行中，積聚無量透過實踐六度四攝和三十七覺分而得到的福智功德。今回彌勒菩薩就在〈功德品〉依個人修證佛智的經驗，獨創出別樹一格的教法——法相唯識學。雖云這套教法是祂獨創，但畢竟皆源於佛爲眾生所說的三乘教法。這套教法依著「有則說有、無則說無」的原則而安立，再以法假安立出五明、諦假安立出七眞如、道理假立出四種道理眞實和乘假立的三乘。「立法及立諦，立理亦立乘；五七四三種，建立假差別」。接著，再將這廣大的範圍收窄成一條出離生死輪迴的活門——如何將人類的有漏智轉化成聖賢的無漏無分別智——佛所說一切成佛所依的般若波羅蜜多；由凡夫的四尋思至聖賢的四如實知；由淺層的四如實知，至能接觸無上菩提爐火純青的如實知。「名物互爲客，二性俱是假，

二別不可得，是名四求義。真智有四種，名等不可得，二利爲大業，成在諸地中」。

　　增長智慧後，就有足夠能力解脫生死，所以怎樣脫離業力的束縛和去除認知宇宙真相的障礙，是彌勒菩薩接著要處理的問題。祂首先發現到能束縛輪迴的三因：器世界、五欲受用境和阿賴耶識；三因束縛著眾生的色身、心法和內外諸法種子。「住持及受用，種子合三因；依止及心法，亦種爲彼縛」。如何從束縛解放出來？首先是藉著修三解脫門的無相觀，以智慧去除相縛。修無相觀有二個程序：首先是安相，接著是自然住；兩者要更迭修煉，達至爐火純青後，就可以解決所知障──認知宇宙真相的障礙。「安相在心前，及以自然住；一切俱觀察，至得大菩提」。然後是用智慧去除業力的束縛。其實業力全然都是透過熏習，再攝聚在每個眾生的阿賴耶識中；如果透過對能縛三因所縛三法的考察，於其上去除對人我、法我的執著，從而通達三性，就能轉化繫縛生死的主因──斷盡阿賴耶識所攝藏的有漏名言種子和業種子；這樣就能從煩惱障和所知障──業力的束縛和認知宇宙真相的障礙，由生死中解脫出來。「若智緣真如，遠離彼二執，亦知熏聚因，依他性即盡」。

菩薩圓滿度攝功德後，便具足智慧安立種種教法和獨特法門去攝引眾生。彌勒菩薩就以修行經驗安立法相唯識學，接引眾生。唐譯本以一頌總括這些教法云：「立法及立諦，立理亦立乘；五七四三種，建立假差別。」（註釋243）意思是：菩薩所安立的教法可從四種面向分成法假安立五明、諦假安立七真如、道理假立四種道理真實和乘假立三乘。

庚十七 說法安立

辛一 所說法的分類

四十三　　所謂五明處，皆是大乘種；
　　　　　修多祇夜等，類有差別故。

　　第一種法假安立：是指菩薩依佛所說契經等十二種體裁、內容、文法將之知識化，從而建立出內明、聲明、因明、工巧明和醫方明這五種學科；這些都是堅穩菩薩於大乘五道十地修學的內容。

　　世親菩薩說：「法假建立五種，即是五明論。此五皆是大乘修多羅、祇夜等種類差別。五明處如〈覺分品〉

說。」修多羅，指契經；祇夜，指重頌，意指十二部經；三藏佛經依體裁、內容、安立分為十二類，稱十二部經。將佛所說的教法知識化成五種學科，目的是方便菩薩教導眾生悟入佛法。

四十四　輪轉及空相，唯識與依止；
　　　　邪行亦清淨，正行如七種。

依真如的真實相狀劃分為七真如：一、輪轉真如：無始以來現象界因果相續流轉的真相，例如十二因緣。二、空相真如：由體證人無我、法無我而顯露之宇宙實體。三、唯識真如：一切染淨的現象唯識所現的真相。四、依止真如：即苦諦；一切有漏法皆苦的真相。五、邪行真如：即集諦；煩惱及業能招苦果的真相。六、清淨真如：即滅諦。七、正行真如：即道諦。依修行人根器不同而分前三種；後四種則依佛說四諦道理而簽分。

世親菩薩說：「此中應知三種如是分別、依他二性，謂輪轉如、依止如、邪行如；四種如是眞實性，謂空相如、唯識如、清淨如、正行如。分別依他二性攝者即是世諦，眞實性攝者即是眞諦。」意思是說：若依三自性的角度區分，輪轉眞如、依止眞如——苦諦、和邪行眞如——

集諦，這三種真如中，輪轉真如是依他起性，苦諦和集諦是遍計所執；三者同屬虛假的世間真相。空相真如、唯識真如、清淨真如——滅諦、和正行真如——道諦，是圓成實性，同屬遠離一切名言概念和心識活動的宇宙真相。

四十五　正思正見果，擇法現等量，
##　　　　亦說不思議；道理有四種。

具智菩薩能以四種安立的道理，來判斷所思所見是否合乎真實，分別是：相待道理、作用道理、成就道理和法然道理。

世親菩薩說：「道理假建立有四種：一、相待道理，二、因果道理，三、成就道理，四、法然道理。」意思是說：菩薩有四種判斷事物是否合理的方法，一、相待道理：例如六尺高於五尺，五尺高於四尺；五尺較四尺高是合理，較六尺高是不合理。二、因果道理：善因得樂果是合理，善因得苦果是不合理。三、成就道理：以現量、比量和聖教量證明所成立的道理合理；例如見煙知有火，聲是無常和證悟人無我能斷煩惱是合理。四、法然道理：這是不可思議處，例如一加一等於二是合理，等於三就不合理。

四十六　心、說、行、聚、果，五各下、中、上，
　　　　依此三品異，建立有三乘。

　　菩薩依修行人在意樂、教法、加行、資糧和成就這五
方面屬上、中、下品而建立聲聞、緣覺和菩薩三乘。

　　世親菩薩說：「依五義三品建立三乘。五義者：一心
二說三行四聚五果。三品者：謂下、中、上。若聲聞五事
俱下……若緣覺乘五事俱中。」相反，菩薩以自利利他為
心上，說大乘法為說上，以三大阿僧祇劫經歷五位十地修
行階段為行上，積聚無量福慧資糧為聚上，得無上菩提為
果上。

　　菩薩歷劫行持度攝，於見道時脫離業力的束縛和破除
認知宇宙真相種種障礙的能力，更於修道十地中令無漏智
煉得爐火純青。

辛二 遍知法義安立

　　彌勒菩薩將祂獲得佛的般若經驗，依修行次第，在解
行地至見道建立如何透過四求，所謂四尋思、四如實知的

方法，先得般若無漏智。

四十七　名物互為客，二性俱是假，
　　　　二別不可得，是名四求義。

　　初基菩薩信解行地以意識考察佛經中法義，發覺諸法名、物和名物的自性、差別只是由意言概念假立，都是無實體。這就是四尋思。

　　四求，亦名四尋思，是彌勒菩薩教導眾生 —— 尤其是未見道的凡夫，以意識考察一切東西，達到「全無外境，唯有內識」的方法。「名」，指意識對外境所起的概念，亦即能詮名言。「物」，亦稱為「事」，指所詮事象，是以意識整合前五識所緣，例如「綠」、「硬」、「無味」、「錚錚響」而總合名為杯。「名」和「物」的自性，是指名和物的體性。「差別」，指名和物的相狀。能證得上述四種都是假名無實的，便完成了加行位中的煖、頂二位、觀「所取」空，所謂境無的階段。再修煉下去，進一步到了忍和世第一法，如實遍知「名」、「物」、「自性」和「差別」四者都是內識所變，離識非有；再進一步兼觀能取亦空；當加行位修行人的如實知到了爐火純青的上品世第一法時，便無間地入見道位。彌勒菩薩接著

以十頌教導眾生為何因能、所二取而流轉生死和遣除的方法。

四十八　真智有四種，名等不可得；
##　　　　二利為大業，成在諸地中。

這四種如實智分別能了知一切名和物非實有，捉不到、摸不透；了知一切名物自性非實有，捉不到、摸不透；了知一切名物差別非實有，捉不到、摸不透；這四種如實智進一步發展成無漏無分別智；若再勤加修煉，除能藉以登入初地外，還能在十地修行中成辦自利利他的事業。

世親菩薩說：「諸菩薩於諸法有四種如實知：三緣名如實知，二緣物如實知，一緣自性如實知，四緣差別如實知。如實知者，由知一物名等皆不可得故。」不可得，指無實體。因名、物、自性和差別都是無實性，諸法的相用就像空氣一樣；當意識想把觸它時，這些東西卻如空氣般瞻之在前，忽爾在後，捉不到、摸不透；從而推知諸法的本質都是無實體，所以不可得。彌勒菩薩分析為何眾生因執著能取、所取而受繫縛流轉生死的原因，並建議以如實知斷除繫縛。彌勒菩薩解釋為何有生死繫縛。

四十九　住持及受用，種子合三因；
　　　依止及心法，亦種為彼縛。

　　我們要以如實知解除生死繫縛。應先了解能夠繫縛生死輪迴三種原因：器世界，作為住持因；五欲境界，是受用因；能攝持內外諸法種子的阿賴耶識，是種子因。所繫縛是甚麼東西？第一是作為生命依止的色身，第二是八識和五十一種心所法的心法，第三是儲存在阿賴耶識的名言種子和業種子。

　　如何斷除生死繫縛？首先要解除相縛。

五十　安相在心前，及以自然住，
　　　一切俱觀察，至得大菩提。

　　如何對治這些繫縛？首先是要斷除境相的束縛；斷除相縛有兩個步驟：先修佛所教的不淨觀、數息觀等，以有分別概念修安相；接著觀所緣境如柱、瓶等東西，俱是內心的顯現，毫無實自體；最後以無分別作為便利方法，將精神安住在遣除境相後顯出原本空性的狀態；這樣更迭地反復修煉，便漸臻無上菩提。

世親菩薩說：「彼二應次第觀察；謂先觀安相，後觀自然住相。此二皆非緣體，彼起四倒即得隨滅。至得大菩提者，若修行人但觀察人相，唯得聲聞緣覺菩提；若觀察一切法相，即得無上菩提。」意思是：大乘修行者務要先修安相，後修自然住；先修有分別概念如不淨觀等安相，可除四顛倒（註釋244）；得證二乘菩提後，修無分別概念，遣除一切概念，讓事物顯露原本空性，並安住於空性的精神狀態下的自然住。將這兩個程序更迭反復練習，功夫純熟，可得無上菩提。

接著，彌勒菩薩認為透過修證三自性亦可以解脫繫縛。

五十一　若智緣真如，遠離彼二執，
亦知熏聚因，依他性即盡。

若以無漏無分別智緣真如法界，則能現證圓成實性；若能遠離對人我、法我的執著，則現證遍計所執性；若通過修煉無分別智，將阿賴耶識攝藏著惡性的有漏種子損減斷滅，使之不再招感惡取處身，即現證依他起性。

世親菩薩說：「若具知三性即盡依他性。」所謂依他性，是指能縛三因中的種子因──阿賴耶識；和所縛的種子──眾生八識所攝藏一切名言種子和業種子。種子，即頌文中的熏聚因；亦名習氣，種子經熏習所生所長，名為習氣。名言種子即等流習氣，業種子即異熟習氣。此外，作為能縛的住持因──器世界和所縛眾生的色身，以及能縛的受用因──五欲受用境界和所縛眾生的心法；於六種能縛、所縛上去除對人、法二我的執著，即通達遍計所執自性而顯露出諸法圓成實自性。所以，彌勒菩薩認為能通達三性，即能轉化繫縛生死的主因──斷盡阿賴耶識所攝藏的有漏名言種子和業種子，即能從生死繫縛中解脫出來。

註釋

243. 此頌唐譯本有，梵本無；明友譯師以這偈頌總括菩薩獲功德後建立獨有法門，所說法包括了五明、七真如、四種道理真實和三乘。

244. 四顛倒，指凡夫和二乘人對常、樂、我、淨的理解、對治和修證都不夠全面徹底。

應用思考問題

1. 作為候補佛的彌勒菩薩積累廣大度攝所獲福智功德，創出自己獨有的弘法法門，史稱法相唯識宗。這法門出於方便學佛人而假立，思想架構雖精妙，但切不可執實，產生驕慢。試解釋明友譯師總攝偈：「立法及立諦，立理亦立乘；五七四三種，建立假差別。」

2. 所謂五明，是指將佛金口所說的教法將之分類成五明：因明、內明、聲明、工巧明和醫方明；加以知識學術化，建立成五種學科；用來教育僧眾。試以頌四十三說明。

3. 彌勒菩薩依三自性將現象界真相和真如真相分作七真如。試依本論頌四十四和論釋說明；並引《解深密經》經文以證。

4. 正確地抉擇宇宙法則，是學佛者從有漏智通達無漏智的條件之一。彌勒菩薩以祂的聞思修經驗，安立四種道理法則。試依頌四十五及世親菩薩的論釋說明。

5. 彌勒菩薩認為隨著不同根器的修行人在意樂、教法、加行、資糧和成就方面，可區分成所謂聲聞、緣覺和菩薩三乘，各得其所，各安其分而完成修行目標。試以頌四十六說明。

6. 彌勒菩薩將祂修得佛般若的經驗，以知識性來建立如何透過四求，所謂四尋思和四如實知，修得般若無漏智，並陸續在十地修煉使之爐火純青。未見道的修行人則修四尋思

和下品四如實知，而下品如實知這階段，就是先修「全無外境，唯有內識」；接著以上品如實知觀內識亦無，雙遣能所；前者相當於加行位中煖、頂二位；後者相當於忍、世第一法二位。試依頌四十七說明四尋思方法。

7. 四求和四如實知均以觀智考察名、物、名物的自性和差別，其實都是意言假立和無實體不可得；試以頌四十七的論釋分析。

8. 四如實知是如實地了解繫縛著生命生死輪迴的原因和被繫縛的東西都無實體，不可得。試依頌四十九和世親菩薩的論釋解說。

9. 眾生被相縛和煩惱縛所繫縛，因而輪迴生死。彌勒菩薩就教導修行人先要以不淨觀和數息觀安相心前，繼而觀一切境相全無，唯識所現；最後以無分別為方便，讓事物顯露出原本空性，並安住於空性的精神狀態下。將這兩種程序更迭反復一併練習，當爐火純青時，便得無上菩提；試以頌五十說明。

10. 依彌勒菩薩看法，解脫生死繫縛最關鍵是通達能縛和所縛的三種自性；最終淨化其中阿賴耶識所攝藏的有漏名言種子和業種子，這樣才可以從生死繫縛中解脫出來；試依頌五十一及論釋說明。

《大乘莊嚴經論》第64講

　　佛傳記載了往昔生活優渥的太子出遊四門，先後遇上老、病、死人和沙門；明白到老、病、死、苦是全人類無可逃避，並且必定要面對的痛苦，因而感到前所未有的震驚和徬徨，最後遇上一個修行人的啟示：「夫出家者，欲調伏心意，永離塵垢，慈育群生，無所侵擾，虛心靜寞，唯道是務。」於是出家修行，在菩提樹下修證成佛。我們可以肯定一點：佛法的原旨在於解脫人生的種種痛苦。彌勒菩薩發現牽引著人類痛苦命運不外乎業力，並具體地將業力怎樣束縛人類受苦的原因和形式，分成能束縛眾生輪迴受苦的三因：器世界、五欲受用境和阿賴耶識；以及束縛著眾生的色身、心法和內外諸法種子。「住持及受用，種子合三因；依止及心法，亦種為彼縛」。提出藉著勤修六度四攝的功德，並以此為增上緣，疏熏本性住無漏

種子——所謂見道、修道和佛位三種「無漏根」，從而解除業力的束縛和認知宇宙真相的障礙，這樣便能解脫生、老、病、死、苦了。

　　彌勒菩薩上一堂將這套理論應用在修行上，教導無相觀：修行人要先專心修不淨觀和數息觀，接著以自然住——將精神處於空性的無相狀態，如是兩者更迭修煉，就可以將色身、心法和內外諸法種子從器世界、五欲境界和阿賴耶識中解脫出來。今堂，彌勒菩薩警惕修行人，切不可將能縛、所縛視為兩種截然不同的異體，否則便會下墮成二乘人的修法。「緣彼真如智，觀察無異相，有非有現見，想作自在成」。並提出大乘人應是一個「自在分別者」，能駕馭「有」和「無」的觀智，當這個自在分別以四如實知遣除不存在的二取境相時，就能徹底地將阿賴耶識所攝藏的非福、有漏諸法種子盡焚，從此生命便得到轉依和解脫，「不見見應知，無義有義境；轉依及解脫，以得自在故」。最後，彌勒菩薩以菩薩五事和八果高度評價那些不單自己從生老病死的痛苦中解脫出來，還發心透過弘揚佛法，教導眾生亦要從生死苦海中得到解脫的大乘菩薩。「應化及應淨，應得亦應成，應說此五事，菩薩五無量。發心及得忍，淨眼與盡漏，法住學亦斷，受用為八果」。

彌勒菩薩分析大乘人與二乘人修無相觀的不同。

五十二　緣彼真如智，觀察無異相，
　　　　有非有現見，想作自在成。

　　二乘人修無相觀，是將所斷輪迴和所取涅槃看成兩種截然不同的異體，而菩薩則不視輪涅為異體；並且現證緣取真如的心識是存在，而在心識活動上能取、所取卻不存在；菩薩這種駕馭有與無的觀智，稱為自在分別。

　　質疑：凡夫為何不能以四如實知現見輪涅無二的狀況？

五十三　覆實見不實，應知是凡夫；
　　　　見實覆不實，如是名菩薩。

　　凡夫被無明障蔽慧眼，所以看不到真實，所見的盡是由二取所顯出的迷亂相狀。而菩薩遣除能、所二取，所以所見盡是真實境相。

　　質疑：當菩薩以四如實知遣除不存在的二取境相，祂

見到些甚麼？

五十四 不見見應知，無義有義境；
轉依及解脫，以得自在故。

　　猶如黑夜踩繩以為蛇，當菩薩遣除存在「蛇」的境相，祂便看到真正存在的繩；當菩薩離開相縛的時候，祂就可以在任何情況下也看到真如的真相，這叫轉依；依這正確方向去想，隨意自由自在地行持；稱為解脫。

　　世親菩薩說：「無義境界謂諸相，此即不見。有義境界謂真如，此即見。如是說名轉依。見所執境界無體，及見真如有體，如是說名解脫。」執著能取、所取諸相為實，這是不存在的。若於心識活動上遣除二取，當下便見到真如，這是存在的。擺脫由二取所形成的相縛，修行的態度和方向便隨之轉變，這叫做轉依。尤有進者，當修行達致爐火純青時，其有漏生命所依的阿賴耶識轉化成無漏佛智，是究竟的轉依。隨順真如理例如人無我、法無我；不隨順任何相縛而自由自在地修行，就叫解脫。

　　質疑：當修行人以四如實知從相縛中解脫出來，有何功德？

釋疑：這時修行人便能實現人間淨土，去除所有莊嚴淨土的障礙；當下世界便是淨土；修行人內心更祈請佛陀重臨世間，和光同塵，混俗而居。

五十五　眾生同一種，地境皆普見，
此即淨土障，應知亦應捨。

由於眾生受到各自阿賴耶識攝藏的垢染種子所影響，他們所見、所執持的都是同一凡愚世界；但菩薩遣除了二取的相縛，所見的當下便是淨土。所以修行人應放下愚庸的相縛，去除莊嚴淨土的障礙。

凡愚眾生受能、所二縛所影響，所處所見的都是同一垢染的世界和五欲境界；而菩薩遠離二取，遣除能見淨土的障礙。所以修行人應放下愚庸的相縛，從而知道如何能莊嚴淨土。

世親菩薩說：「由作此見即與淨土方便而為障礙……菩薩知此想為障礙已，即應勤捨此想，是名對治。」此見即凡愚眾生執著危脆世界為常，復有五欲境界堪可安身作樂的相縛，形成淨土障。而菩薩斷除器世界、五欲境界和

阿賴耶識對自身、心、心所和習氣的束縛；當下以如實知
證悟人無我、法無我而住於真如；去除垢染，莊嚴淨土。

　　世親菩薩又說：「已說菩薩四種如實知，次說菩薩五
種無量。」

辛三 安立傳法菩薩之無量功德

五十六　應化及應淨，應得亦應成，
　　　　　應說此五事，菩薩五無量。

　　從相縛中解脫出來的菩薩，在傳承佛法上有五種無量
功德：第一、對三乘無數不同根器都能予以化度；第二、
能淨化無量穢土；第三、在斷除一切非福業後，能得無量
無漏善業；第四、對無種性者，亦能將他們安置在勝生安
樂，例如教導他們修十善生於天界；第五、能宣說佛所說
八萬四千無量法門。

辛四 安立傳法所得果

五十七、五十八　發心及得忍，淨眼與盡漏，
　　　　　　　　　法住學亦斷，受用為八果。

菩薩因孜孜不倦地說法，令信眾得八種利益：第一、令聽法者透過聞法而生起追求覺悟的菩提心；第二、令聽法者隨順法義修行，在忍位得小品無生法忍；第三、令聽法者證悟四諦道理而獲法眼淨，得預流果；第四、令聽法者斷盡三界煩惱而得阿羅漢果；第五、令三乘教法長久住世；第六、令聞法者聽到從未曾聽聞過的教法；第七、令未斷疑者斷疑；第八、令已斷疑者受用法喜。

　　依證量大小，無生法忍可分為三種：在信解行地的忍位，稱小品無生忍；見道位稱中品無生忍；第八地稱大品無生忍。

辛五 安立大乘法及攝義

五十九、六十　緣、行、智、勤、巧，果、事皆具足，
　　　　　　　　依此七大義，建立於大乘。

　　菩薩修行較二乘所獲功德有七點殊勝廣大之處，所以稱為大乘：第一、菩薩教授深廣無量大乘經典，是所緣大；第二、以自利利他作為修行目標，是行大；第三、見道位同時通達人無我、法無我，是智大；第四、菩薩經歷

三大阿僧祇劫，恆常恭敬精進修行，是勤大；第五、菩薩雖不捨輪迴，但因具足智慧方便，也不受煩惱所染，是巧大；第六、菩薩得佛果時有十力、四無畏、十八不共法等成就，是果大；第七、菩薩得佛果時入無住涅槃，盡未來際示現出生轉法輪大事業，是事大。

接著，彌勒菩薩分析大乘修行包含八種元素。

六十一、六十二　性、信、心、行、入，成、淨、菩提勝；
　　　　　　　　　如是八種事，總攝諸大乘。

修行大乘總攝八個部分：一、具大乘種性；二、信解大乘教法；三、依信發菩提心；四、在信解行地修持六度；五、初地見道時入聖賢之流；六、前七地成熟眾生；七、於三淨地莊嚴佛土；八、於佛地成就無上菩提。

世親菩薩說：「此以八事總攝一切大乘。八事者：一、種性如〈種性品〉說，二、信法如〈明信品〉說；三、由信解而發心如〈發心品〉說；四、由此修佈施等六度，如〈度攝品〉說；五、由此而入道，如〈教授品〉說；六、成熟眾生，謂初七地；七、淨佛國土，謂第八不退地；八、究入於殊勝菩提果地，菩提有三種：謂聲聞菩

提、緣覺菩提、佛菩提。佛菩提大故爲勝。於此佛地示現大菩提及大涅槃故。」佛智即是無上菩提。無上菩提包括兩元素：一、大涅槃：斷煩惱障後，顯得自性清淨的法界得眞如法身。二、大菩提：斷所知障後，轉無漏八識成大圓鏡、平等性、妙觀察和成所作四種無漏智。對修行人來說，得無上菩提較得二乘菩提更殊勝。

己二 讚歎功德

庚一 讚歎不同境地菩薩的功德

六十三　信行及淨行，相行無相行，
　　　　及以無作行；差別依諸地。

　　要讚歎的是在五道十地上修行的菩薩：第一是由發菩提心經歷一阿僧祇劫的信行人；第二是入初地見清淨真如的淨行人；第三是初地至六地，修有相六度萬行的相行人；第四是第七地修無相的行人；第五是三淨地一方面成就無分別等持，另一方面無勤任運地成辦自他二利的無作行人。

　　有相，指的是前六地菩薩於佈施、持戒、安忍、精

進、靜慮和根本無分別智的修行上，仍帶有局限性的形式主義。無相，指的是第七地菩薩因修得接近完全壓伏自我意識的滅盡定，所以能在局限的無相修行境界自由活動。

庚二 讚歎菩薩的功德相狀

辛一 從九方面讚歎菩薩美德

彌勒菩薩以頌六十四至頌七十六，從九方面來讚歎菩薩。首先從自利角度讚歎菩薩。

六十四　不著及清淨，降瞋與勤德，
　　　　　不動並見實，有欲名菩薩。

菩薩有七種功德相狀。第一、祂行持佈施，不染著世間貪欲；第二、祂行持持戒，故身語意三業清淨；第三、祂行持安忍，故能降伏瞋恚；第四、祂行持精進，故能勤勇地止惡行善；第五、祂能入定，故心不動搖；第六、祂能修慧，故見諸法實相；第七、祂發菩提心，故常持自他皆能成就無上菩提的大願。

接著以利他的角度讚美菩薩。

六十五　隨攝及無惱，耐損並勇力，

　　　　不放逸多聞；利彼名菩薩。

　　菩薩恆以四攝引導眾生趣入正法，不會為利益而傷害眾生，對前來損害自己的眾生不會報復，勤勇地救度眾生，不會貪著禪悅之樂而在欲界展開利他事業，熟讀佛經，為眾生釋疑解惑。

　　接著以內在美德的角度讚美菩薩。

六十六　厭財及捨欲，忘怨亦勤善，

　　　　巧相無惡見，內住名菩薩。

　　六度功德滋養出菩薩的內在美德：佈施令菩薩不貪著錢財；持戒令菩薩斷除五欲；安忍令菩薩不會向前來施怨的眾生報復；精進令菩薩勤奮地完成止惡行善的目標；靜慮令菩薩善於運用止、舉、捨三相，令內心調和而不動搖；智慧令菩薩以無分別遣除一切相縛，安住於菩提心令菩薩不退轉大乘。

應用思考問題

1. 試分別比較大乘與二乘所修的無相觀有何不同。

2. 處於同一法界中，為何凡夫所見盡是虛妄，菩薩所見盡是真實？試以頌五十三及五十四分別說明。

3. 何謂淨土障？為何菩薩清淨內心即身處淨土；但對凡夫來說，淨土卻在遙不可及的地方？

4. 以弘法為己任的菩薩有五種功德，並能令眾生獲八種利益；試依頌五十六、五十七及五十八說明之。

5. 大乘比小乘在七方面來說都堪稱殊勝廣大，試依頌五十九及六十說明。

6. 依菩薩在五位修行期間所突顯的功德，可發現修行大乘包含八種元素，試依頌六十至六十一說明。

7. 彌勒菩薩讚歎前六地和第七地菩薩時，以有相形容前者，以無相形容後者；試解釋兩者在修行上的分別。

8. 菩薩怎樣透過修持六度獲得自利功德？試依頌六十四說明。

9. 菩薩怎樣透過修持六度獲得利他功德？試依頌六十五說明。

10. 修持六度的菩薩與凡夫比較有何特異表現？試依頌六十六說明。

《大乘莊嚴經論》第65講

　　往昔釋尊示現八相佛業，主要是以身教教導眾生從人生的痛苦現狀中猛醒過來，還找出導致人生大苦聚的原因，策勵大家要勇敢且積極地面對，從苦境中解脫出來。從佛一生中可見到：菩薩歷盡千辛萬苦，渡涉恆河沙數的困境，為的全是完成令自他從貪瞋癡煩惱迫凌和種種幻相中解脫出來，達到心境恆常處於平靜的狀態，期間縱遇重重無常變幻，受盡障難的阻撓，備受恐懼的圍困，仍堅定地不退失信念。「乃至虛空盡，及有眾生住；願吾留世間，度盡眾生苦」。菩薩長時間專注於修習三十七道品和六度四攝，所謂因果必報；最後自然必得豐厚回報。今堂，彌勒菩薩就以十二頌來讚美菩薩人格的美善，例如菩薩由佈施幫助眾生脫離貧困之苦，由持戒不損害眾生，忍受眾生損惱自己的痛苦，不懼怕吃苦來修持難行的善行；

因得三摩地脫離欲界的痛苦而得喜樂；以無分別智三輪清淨洞見苦的虛幻；菩薩更願爲化度眾生而住於生死苦海。「除苦不作苦，容苦不畏苦，脫苦不思苦，欲苦名菩薩」。在眾生方面而言，菩薩最堪讚的功德自然是普度眾生。首先，菩薩透過攝引眾生，令他們現在得益；接著教導他們持戒，令來世得益；教導眾生若遇上別人惱害時，要住於親怨平等的捨心；和眾生一起精進地捨惡行善；透過禪修獲得神通來調伏或攝引眾生；以無礙辯才令三乘不同根器皆能平等地增長智慧；最後攝引一切眾生同證無上菩提，成就佛果。「今世後世捨，起勤亦得通，等說及大果，七攝名菩薩」。

最後，彌勒菩薩強調修行人要以成爲菩薩摩訶薩作爲奮發目標；世親菩薩在論釋中說到，菩薩摩訶薩具有七種特性，所以堪稱偉大：第一、堅定信服人無我、法無我道理；第二、堅定不退地以追求無上菩提作爲每期人生目標；第三、有能力於身體上每一毛孔顯示三千大千世界成住壞空的情形；第四、願自他皆證得無上菩提；第五、將一切有情安置於無餘依涅槃；第六、自身入無住涅槃，卻又不玷染輪迴過患；第七、以大悲平等心精進地救度眾生。

接著以不退轉的角度讚美菩薩。

六十七　具悲亦起慚，耐苦及捨樂，
　　　　　持念並善定，不捨名菩薩。

悲憫苦難眾生而佈施不退，安住於知慚具愧而持戒不退，甘心情願忍受別人的損害而安忍不退，不玷染五欲樂而精進不退，以正念正知對治散亂而靜慮不退，時刻遠離常斷二邊，保持中道而令智慧不退，不退失大乘心；這就是菩薩不退轉功德。

接著以離苦的角度讚美菩薩。

六十八　除苦不作苦，容苦不畏苦，
　　　　　脫苦不思苦，欲苦名菩薩。

菩薩以佈施幫助眾生脫離貧困之苦；以持戒不損害眾生，令他們免受痛苦；忍受眾生損惱自己的痛苦；不懼怕吃苦，仍修持難行的善行；進入初禪時，以脫離欲界的痛苦而得喜樂；以無分別智之三輪清淨洞見苦之虛幻；菩薩更願為化度眾生而接受住於生死苦海。

接著，彌勒菩薩以行持六度法門的狀況表現來表彰菩薩。

六十九　樂法及性法，呵法亦勤法，
　　　　自在法明法，向法名菩薩。

樂善好施是菩薩佈施的表徵，保持自性清淨無染是菩薩持戒的表徵，呵斥瞋恚是菩薩安忍的表徵，勤行善法是菩薩精進的表徵，自在地調伏內心是菩薩靜慮的表徵，看清諸法性相是菩薩智慧的表徵，一心趣求無上菩提是菩薩願一切眾生離苦得樂的願望。

彌勒菩薩繼續以嚴謹細心的修行態度來讚美菩薩。這裡的「不放逸」是指著意到。

七十　財、制、護、善、樂，法、乘於此七，
　　　七種不放逸，是故名菩薩。

菩薩佈施時，會著意到財富；持戒時，會著意到戒條；安忍時，會著意到保護自他的利益；精進時，會著意善行；靜慮時，會著意於不味著喜樂；修智慧時，會著意於四念住；菩薩行持六度，每每總是著意到自己有否退失

菩提心。

世親菩薩說：「七、乘不放逸，此由大願魔王來壞其菩提心亦不退故。」說明菩薩平日特別留意自己有否受魔擾邪行引誘令自己退失菩提心。接著，彌勒菩薩從修行人於日常行持中知慚具愧來稱讚菩薩的善行。

七十一　不遂及小罪，不忍退亦亂，
　　　　　小見及異乘，七羞名菩薩。

菩薩對別人乞討而不能佈施感到慚愧，對毀犯微細的戒律感到慚愧，對不能安忍惱害感到慚愧，對懈怠放逸感到慚愧，對靜慮時出現散亂感到慚愧，對於不能通達人無我、法無我，致令在處理人生問題時眼光狹隘而感到慚愧，對捨棄眾生而墮入小乘感到慚愧。

最後，彌勒菩薩以孜孜不倦攝引眾生的角度來讚美菩薩。

七十二　今世後世捨，起勤亦得過，
　　　　　等說及大果，七攝名菩薩。

真正的菩薩以透過佈施攝引眾生，令他們今生得益；接著教導持戒令他們來世得益；教導遇上別人惱害的眾生住於親怨平等的捨心；精進地幫助眾生捨惡行善令他們得益；透過禪修獲得神通來攝引眾生；以無礙辯才令三乘不同根器平等地增長智慧；最後攝引一切眾生同證無上菩提，成就佛果。

接著，彌勒菩薩以十六種菩薩的同義詞，來描述十地菩薩的功德。

七十三、七十四　應知諸菩薩，亦名摩訶薩，
　　　　　　　　亦名有慧者，亦名上成就，
　　　　　　　　亦名降伏子，亦名降伏持，
　　　　　　　　亦名能降伏，亦名降伏芽，
　　　　　　　　亦名為勇猛，亦名為上聖，
　　　　　　　　亦名為導師，亦名大名稱，
　　　　　　　　亦名為有悲，亦名大福德，
　　　　　　　　亦名自在行，亦名正說者。

菩薩亦名摩訶薩、有慧者、上成就、降伏子、降伏持、能降伏、降伏芽、勇猛、上聖、導師、大名稱、有悲、大福德、自在行、正說者。

世親菩薩說：「菩薩之名有十六種，皆依義立。應知：為利他求菩提故，名為菩薩；具足七種大故，亦名摩訶薩；證悟甚深與廣大故，亦名有慧；智慧較他超勝故，亦名上成就；為佛意子故，亦名降伏子；為成佛所依故，亦名降伏持；破四魔故，亦名能降伏；成為果十力等所依故，亦名降伏芽；具破四魔之力故，亦名勇猛；證二無我故，亦名上聖；令所化有情解脫輪迴及以利樂將護故，亦名導師；以功德大而稱譽故，亦名大名稱；以具大悲故，亦名有悲；以積廣大福德資糧故，亦名大福德；以功德自在故，亦名自在行；以具六波羅蜜多故，亦名正說者。」其中論釋說到「菩薩因具七種大，所以名為摩訶薩」，是指菩薩具有七種特性而堪稱偉大：第一、對二無我心具淨信；第二、追求無上菩提意志堅定；第三、具大力，於每一毛孔能顯示三千大千世界成住壞空；第四、願自他得無上菩提；第五、將一切有情安置於無餘依涅槃；第六、自身不住涅槃而能不染輪迴過患；第七、以大悲精進救度眾生；菩薩因具以上七種特質，較凡夫和二乘人殊勝，故稱菩薩摩訶薩。

辛二 從獲得無上菩提果的角度來讚美菩薩

七十五　實覺、大義覺，一切覺、恆覺、
　　　　及以方便覺，五覺名菩薩。

菩薩，是指證悟二無我的實覺者；證悟成辦自他廣大利益的大義覺者；證悟有為、無為一切所知法的一切覺者；五蘊身進入無餘依涅槃，菩提心亦不因而斷滅的恆覺者；了知如何化度不同根器眾生的方便覺的修行人。

接著，彌勒菩薩從修行人通達生命的所依，所謂「唯識真如」而得解脫，故堪稱為菩薩。

七十六　隨我及小見，及以諸識身，
　　　　亦於虛分別，四覺名菩薩。

修行人先通達一切輪涅生命現象，皆來自自身阿賴耶識所攝持的無量種子及其現行之間種種的起伏；第二、通達第七末那識在生命流轉中，與我見、我愛、我癡和我慢微細的活動，認識到流轉生死的生命活動皆非清淨；第三、通達在染污生命現象下，眼耳鼻舌身意六識聚遇緣而起之無記性的認識；第四、通達於心識活動上生起對能、所的計較推度皆不合理；這就是菩薩。

接著彌勒菩薩從通達二諦來讚美菩薩。此頌唐譯本缺，今補回。（註釋245）

七十七　證無證及證隨證，證無事及證極生，
　　　　證無證各別證因，由此是謂菩薩也。

　　菩薩能斷無明而獲得證無證；菩薩能以般若斷無明而獲得證隨證；菩薩能證世俗諦所顯的境界，均是無中生有而證無事；菩薩能證二空，斷人、法二我後所顯勝義境界，是證極生；菩薩能以三輪體空而離能、所二取，是以各別自證智各別自證之因。

　　接著彌勒菩薩以通達三自性境相所得的五種體證來讚美菩薩。

七十八　無境及真義，永無亦圓滿，
　　　　亦得不可得，五覺名菩薩。

　　菩薩從依他起中覺知到全無外境、唯有內識；從圓成實性中覺知諸法真實相本自不生，未來亦不壞滅；從遍計所執性中覺知能、所二取的境相是不存在；亦能完全透過證得盡所有性而完全覺知現象界中各種不同境界；最後能

從如所有性體證三輪體空：覺知能覺知者不可得、所覺知的法不可得、覺知活動本身亦不可得。

接著彌勒菩薩以釋尊生平行誼為例，描述菩薩的事業功德。

七十九　成就及處所，胎藏隨次現，
　　　　　及以斷深疑，五覺名菩薩。

菩薩能自證知獲取無上菩提，能自證知住於兜率天，能自證知入母胎，能自證知出胎、受欲、出家、修行和成道，能自證知為眾生斷除一切疑惑而轉法輪。

最後彌勒菩薩以十一種不同角度讚美菩薩所獲無上功德。

八十　得、不得及住，於自亦於他，
　　　有說與無說，有慢及慢斷，
　　　未熟亦已熟；如此十一種，
　　　一切皆能覺，是故名菩薩。

菩薩功德亦可從下列十一種證悟活動看得到；就時間

來說：一、過去已得的證悟，二、未來未得的證悟，三、已生證悟但仍未滅的證悟；就自他來說：四、靠自己內心證悟，五、靠善友指點證悟；就言說來分：六、依聞思經教語言文字得證悟，七、在根本定中以無分別智得證悟；依斷除我慢的修行階位分：八、凡夫至第七地仍未能控制自我意識的證悟，九、三淨地菩薩能控制自我意識的證悟；依接近究竟佛果來分：十、凡夫至第七地因仍要修行一至兩個阿僧祇劫才能得無上菩提，故稱未熟遠覺；三淨地只需多修一大阿僧祇劫就可成佛，故稱已熟近覺。

　　至此，〈功德品〉完；還有〈行住品〉和〈敬佛品〉，《大乘莊嚴經論》便傳講完畢。自二〇一五年一月開始至今，已歷六年這麼長的日子，大家繼續努力，切莫功虧一簣啊。

註釋

245. 見寶僧由藏譯漢《大乘經莊嚴論寶鬘疏》頁601。

應用思考問題

1. 菩薩專心地長時間修習三十七道品和六度四攝，所謂因果必報；最終自然必得豐厚回報。彌勒菩薩就在〈功德品〉中以十二頌，由頌六十四至七十六，從九方面讚歎菩薩功德事業；試簡述之。

2. 菩薩歷盡千辛萬苦，為的是完成令自他從貪瞋癡迫惱中解脫出來，令心境自在的解脫願望。期間縱遇劫難挑戰，全靠不退轉這個信念。試從頌六十七說明。

3. 佛教起源在於檢視人生的痛苦現狀和導致苦的原因，所以菩薩修行功德必然包括了自他離苦得樂的結果。試依頌六十八說明。

4. 菩薩以成就無漏無上菩提為目的，但完成目的仍需依賴有漏的便利方法，例如菩薩因在心正──動機正確下完成六度。試依頌六十九說明菩薩安住正確行持六度的特徵。

5. 菩薩以行捨和三善根日夜行持六度，由不放逸所得功德甚大；試依頌七十說明菩薩如何以不放逸善根行持六度的方法。

6. 菩薩具足信、施、戒、聞、智、慚和愧七聖財，故對自己修行要求很嚴格。對於行持六度時出現缺失，尤感慚愧；試依頌七十一說明。

7. 在眾生而言，菩薩最堪讚的功德自然是普度眾生；試依頌七十二說明。

8. 菩薩有十一種同義詞；試依頌七十三至七十四說明。

9. 彌勒菩薩不單讚美能證菩提的菩薩，更盛讚所證的無上菩提功德；試依頌七十五至七十八說明。

10. 彌勒菩薩以釋尊為例，讚歎示現娑婆世界教化眾生不朽事業；試依頌七十九說明。

《大乘莊嚴經論》第66講

　　上堂已將菩薩經歷千辛萬苦，渡涉恆河沙數困境，完成作為菩薩摩訶薩七大奮發目標，獲無量功德；這就是八十頌〈功德品〉的要旨。今堂講的〈行住品〉是描述菩薩的事業，在家的十地菩薩顯現為轉輪聖王，以剎帝利種性的身份為眾生福祉打拼；而出家菩薩則顯現為守持戒律、體證真理和圓淨法身形態的梵行聖人；而彌勒菩薩則盛讚菩薩出家較在家理想。「應知出家分，無量功德具；欲比在家分，最勝彼無等」。接著彌勒菩薩分析菩薩在十地和佛地不同的表現：初地至第三地菩薩分別是體證人無我、法無我的見淨，不犯微細戒的戒淨，常處於喜樂的定淨，第四至第六地菩薩分別斷除對經教的法財慢、對修持高階位的相續異慢和斷除對分別染淨的染淨異慢。第七地菩薩能念念與三十七道品任運相應，第八地菩薩能透過捨

斷煩惱以莊嚴淨土，第九地菩薩能具足四無礙解成熟眾生，第十地菩薩受職紹隆佛種而住於兜率內院。「初三三行淨，次三三慢斷，後三覺捨化，第十有四名」。十地菩薩在各地中展現不同事業，同時亦分別得不同的無漏五蘊身。初地見道是一切無漏五蘊所依，第二地戒蘊清淨，第三地定蘊清淨，第四至六地慧蘊清淨，第七地至佛地由於淨除得解脫身的五種障礙，最終得究竟解脫身。「見性淨三身，亦在前六地，餘地淨餘二，遠離五障故」。

前面〈功德品〉已說菩薩功德，今章〈行住品〉詳說菩薩事業。

第二十三　行住品

戊六　〈行住品〉

己一　菩薩之吉祥特徵

一　內心有憐愍，愛語及勇健，
　　開手並釋義，此五菩薩相。

　　大悲菩薩悲憫眾生，說話令眾生感到親切且易於信

受，勇敢面對並克服所有障難，對來求者必一一滿足，善巧地為求法者釋疑解惑。

二 攝受令信解，不退二攝故，
由意樂加行，當知有兆相。

猶如見煙知有火；由於菩薩具大悲心，故憐憫眾生；由於菩薩行持愛語攝，故說話親切；由於菩薩行持安忍和精進度，故能面對障難和解脫困境；由於菩薩行持佈施，故能財施給來求者，法施予疑惑者。前一種是願心，後四種是實際行為。

此頌唐譯本無，現依漢譯藏文本補回（註釋246）。世親菩薩說：「憐愍者，以菩提心攝利眾生故；愛語者，令於佛法得正信故；勇健者，難行苦行不退屈故；開手者，以財攝故；釋義者，以法攝故；此五種相應知。初一是心，後四是行。」意思是：悲憫對象是那些具苦及苦因——例如痛苦、造作殺盜淫妄邪行、放逸、邪見和未斷煩惱的凡夫。

己二 菩薩在各地所顯現的不同身相

三　菩薩一切時，恆居輪王位；
　　利益眾生作，在家分如此。

　　菩薩若在家，則常作轉輪聖王；以十善教化利益眾生。

四　受得及法得，及以示現成；
　　三種出家分，在於一切地。

　　菩薩若出家，則必須經受得分：信解行地由親教師及軌範師處受得清淨戒。法得分：登地後了知諸法實相，依法性而得無漏戒。示現分：以化身示現出家身，在十地中都有出家菩薩。

五　應知出家分，無量功德具；
　　欲比在家分，最勝彼無等。

　　若要比較出家和在家的修行殊勝功德；由於出家分有無量功德，故較在家分殊勝。

　　接著，彌勒菩薩以五種增上意樂來描述十地菩薩的德行。簡單來說，增上意樂即希望別人好的善意。

六　愛果及善根，涅槃欲令得，
　　未淨淨極淨，謂在諸地中。

　　菩薩常懷五種增上意樂來救度眾生：令眾生來世獲得生善趣安樂果，是樂極大心；令眾生現世行持善行及得涅槃，是利極大心；勝解行地菩薩的利他增上意樂，是未淨極大心；初地至第七地菩薩的利他增上意樂，是已淨極大心；三淨地菩薩的利他增上意樂，是極淨極大心。

　　除了時常心存五種利益眾生的善意外，十地菩薩亦有四種攝受眾生的能力。

七　欲樂及平等，增上與徒眾；
　　四心於諸地，攝受一切生。

　　十地菩薩以四種能力攝受眾生：以菩提心攝受眾生入初地；以自他平等心攝受眾生；因具體證實相經驗而成眾生導師；具能力聚集志同道合的眾生，形成追求菩提的組織。

世親菩薩說：「四種攝眾生者：一、欲樂心攝，由以菩提心攝故；二、平等心攝：由入初地得自他平等心攝故；三、增上心攝：由居主位以自在力攝故；四、徒眾心攝：由攝成自弟子故。」

彌勒菩薩又提及五道十地菩薩受生情況。

八　業力及願力，定力亦通力；
　　依此四種力，菩薩而受生。

　　菩薩在不同修行階段有四種不同受生方式。一、業力生：在勝解行地的菩薩，由善業招感而投生心儀之地；二、願力生：登地後，以菩提心投生傍生道幫助眾生；三、定力生：得定自在，例如三淨地菩薩能藉著定力捨居上界而在下界受生；四、通力生：得神通菩薩，例如究竟位的候補佛，能於兜率天在三千大千世界中顯現八相成道事業。

己三 諸菩薩安住之地

庚一 略說

此頌唐譯本缺，現依漢譯藏本補回（註釋247）。

九　性相有情及學處，五蘊成就及兆相，
　　釋名以及所得者，由彼等為依及地。

　　猶如眾生安住在大地上，菩薩於世間和出世間修行所得功德大小、所得不同階位，稱為「地」；現在從相狀、行者，學處、蘊、成就功德、兆相、釋名和所得這八點來描述各階段的菩薩地。

庚二　廣說

辛一　地之相狀

十一－十四　證空，證業果，住禪、住覺分，
　　　　　　觀諦，觀緣起，無相、無功用，
　　　　　　化力，淨二門，及以菩提淨；
　　　　　　以此諸所說，立地相應知。

　　總括來說，菩薩有十地；如果包括最後的究竟佛地，便合成十一地，每地均有獨特的相狀。例如初地菩薩安住於證人無我、法無我之空性中；第二地菩薩擅長於觀察因

果必報的道理，所以即使很微細的戒律也不違犯；第三地菩薩即使處於欲界中，仍不退失禪定的喜樂；第四地菩薩既能入於生死，亦同時具備時刻出離生死的力量；第五地菩薩一方面離相，一方面亦能安立各種知識，用以教化眾生；第六地菩薩體證緣起性空般若智慧，能不起雜染心而受生三界中；第七地菩薩的有相修行已到臨界點，猶如萬川將流入大海，這就是受眾人稱讚的「一行道」，即將進入無相修行境界；第八地菩薩已如船入大海，無需費力就自然而然地莊嚴淨土；第九地菩薩因具四無礙解而成熟一切有情；第十地菩薩由三摩地門和陀羅尼門成熟，能開啟無盡經藏寶篋，大顯神通。第十一如來地斷盡一切障礙，生起無上菩提的習氣。

辛二 安立諸十地補特伽羅

十五　初三三行淨，次三三慢斷；

初地至第三地菩薩分別是見淨、戒淨和定淨；第四地至第六地菩薩分別斷除對經教的法門異慢、斷除對修持高階位的相續異慢和斷除對染污和清淨諸法的染淨異慢。

世親菩薩說：「初三三行淨者：初地名見淨，菩薩得

人法二見對治智故，第二地名戒淨，菩薩微細犯垢永無體故。第三地名定淨，菩薩諸禪三昧得不退故。次三三慢斷者：第四地名斷法門異慢，菩薩於諸經法破起差別慢故。第五地名斷相續異慢，菩薩入十平等心，於一切相續得平等故。第六地名斷染淨異慢，菩薩如性本淨客塵故，染能住緣起法，如不起黑白差別見故。」所謂十平等心，如《十地經》云：「何等為十？佛子、菩薩摩訶薩已具足第五地，欲入第六現前地，當觀察十平等法；所謂一切法無相故平等，無體故平等，無生故平等，無滅故平等，本來清淨故平等，無戲論故平等，無取捨故平等，寂靜故平等，如幻、如夢、如影、如響、如水中月、如鏡中像、如焰、如化故平等，有無不二故平等。」

十六　後三覺捨化，第十有四名。

　　第七地菩薩念念均能與三十七道品相應；第八地菩薩時刻都能淨除煩惱習氣，莊嚴淨土；第九地菩薩具足四無礙解，時刻成熟眾生；第十地更因具足大神通而稱「大神通」，具足無量三摩地門和陀羅尼門而稱「滿法身」，安住於兜率天內院而稱「能現身」，得諸佛白毫光明灌頂而稱「受職」這四種稱號。

辛三 十地中能圓滿修學三學之理

十七、十八　隨次依前六，見性修三學；

初地菩薩見道後，於第二地修增上戒學，第三地修增上心學，第四至第六地修增上慧學。但智慧則分兩個層次，首先是四諦所見的滅諦；第四地菩薩以增上菩提分慧，第五地菩薩以增上諦觀慧修學所見境界。其次是順觀、逆觀十二因緣滅除無明智慧層面，這是第六地菩薩增上緣起觀慧學。

十九－二十一　隨次依後四，得果有四種。

第七地至第十地菩薩在出定後得位四種果。第七地菩薩雖安住於無相，但仍須作意加行，這是第一果；第八地以無相、無功用住斷除煩惱莊嚴淨土，這是第二果；第九地菩薩以四無礙解成熟眾生，這是第三種果；第十地菩薩成就三摩地門、陀羅尼門，這是第四種果。

辛四 十地中如何清淨無漏五蘊之理

二十二　見性淨三身，亦在前六地；

初地見道是一切無漏五蘊所依，第二地戒蘊清淨，第
三地定蘊清淨，第四、五和六地慧蘊清淨。

二十三　餘地淨餘二，遠離五障故。

第七地至佛地，由淨除五種障礙而獲得相應的解脫
身；分別是第七地至第十地斷除微細相、勤作、未獲成熟
有情之無礙解、對三摩地和陀羅尼二門未得自在這四障；
再加上在佛地於金剛無間道盡焚微細由二取所顯的所知
障，前後合共淨除五障而得究竟解脫身。

世親菩薩說：「五障者，第七地中以執相無知為障，
第八地中以功用無知為障，第九地中以不能化生無知為
障，第十地中以未淨二門無知為障。佛地中以障礙無知
為障，謂此無知能礙聲聞、緣覺境界智，諸佛知一切境無
礙，由解脫此障故。」

辛五　安立成就未成就功德之理

二十四　未成就、成就，成復未成成；

見道前，勝解行地是未成就地；見道後，初地至十地是成就地。要注意的是：初地至第七地雖屬成就，但比起第八地至第十地，因為修行是要循序漸進，所以仍需勤加功用修行，故仍視為未成就；而後者因修持的無相瑜伽能無勤任運成就，故視為真正成就。

質疑：初地至第七地仍未爐火純青，為何列為成就？

二十五　如地建立知，分別無分別。

因初地已證得根本無分別智而見道，而十地的安立只是由後得智來作修行階位的區別，所以惟是修行人分別念而矣。

二十六　應知諸地中，修習及成就；
　　　　　此二不思議，諸佛境界故。

事實上，菩薩聖者在十地中修習情況和所得成果，猶如空中鳥跡，都屬祂們各別內心自證，只能由功德圓滿的諸佛才能作出判別，非是凡愚和二乘人可思議的境界。

世親菩薩說：「菩薩於諸地中各有修習及成就，應知

地地皆不可思議。由諸菩薩內自證覺是諸佛所知，非餘人
境界故。」餘人，指凡夫和二乘修行人。

註釋

246. 見寶僧由藏譯漢的《大乘經莊嚴論寶鬘疏》頁604。

247. 同上，頁615。

應用思考問題

1. 所謂有諸內形諸外，菩薩具大悲心，所以顯現出五種吉祥特徵。試從頌一、二說明。

2. 菩薩分在家菩薩和出家菩薩兩種，為何彌勒菩薩認為菩薩出家比在家的功德殊勝呢？

3. 菩薩具足憐愍眾生的大悲心，所以無論任何時候，對眾生都常懷善意和具有感動人性的能力。試依頌六、七說明十地菩薩對眾生有哪五種善意，和哪四種攝受眾生的能力。

4. 菩薩堪能奉獻身命救度眾生，而眾生不是住在享福的天界或解脫的涅槃界，所以不同階位的菩薩，選擇不同的受生方式去救度受苦眾生。試依頌八說明。

5. 十地菩薩和佛地合稱菩薩十一地，試依頌十一至十四說明這十一地的相狀。

6. 前六地菩薩在修學戒定慧和所得功德如何？試依頌十七、十八說明。

7. 第七至第十地菩薩出了根本定，在後得定時行持方便、願、力、智四種波羅蜜多，得到四種成就功德，試依頌十九至二十一說明。

8. 十地菩薩如何修持才能得到無漏五蘊身？試依頌二十二、二十三說明。

9. 何以用「成就未成就」來形容初地至第七地菩薩修行的成就？

10. 在彌勒菩薩看來，十地的建立只是登地後大乘聖人內心的證量，只有修行功德圓滿的諸佛才能看得清，不是凡夫甚至二乘人可思議的境界，你同意嗎？試具體說明。

《大乘莊嚴經論》第67講

　　上堂已將菩薩在十地修行每階段不同的特式詳細説明。例如初地至第三地分別是體證人無我、法無我的見淨,不犯微細戒的戒淨,常處於喜樂狀態的定淨;「初三三行淨」。第四至第六地分別斷除對經教的法財慢、對修持高階位的相續異慢和斷除對分別染淨的染淨異慢;「次三三慢斷」。第七地能念念任運地與三十七道品相應,第八地能透過斷捨煩惱來莊嚴淨土,第九地具足四無礙解來成熟眾生;「後三覺捨化」。第十地受職紹隆佛種而住於兜率内院,具有大神通、滿法身、能現身和受職這四個同義詞。

　　今堂繼續依據菩薩十地的功德表現來解釋每地含意。初地菩薩因能體證人無我、法無我的真理,以及掌握到自

他平等利益眾生的方法，是畢生未有過的快樂體驗，所以名為歡喜地。第二地因離開毀犯和退失大乘心，所以稱為離垢地。第三地因有甚深等持功力，引發出正法光明，所以稱為發光地。第四地菩薩以如火焰的三十七菩提分法，盡焚煩惱障和如柴薪的所知障，所以稱為焰慧地。第五地因能戰勝眾生惱害別人和不聽從教導的難事，故稱為難勝地。第六地依仗般若波羅蜜多，不住輪迴或涅槃二邊，明量觀慧恆現在前，故稱現前地。第七地菩薩因快將遠離用力勤作修行，緊接進入第八地無相無功用的一行道，故稱遠行地。第八地因不受有相想和無相有功用想所動搖，所以稱為不動地。第九地因具足四無礙解的能力而能善巧解答不同人天的各種疑問，故稱善慧地。第十地能於眾生心相續中，以如雨雲般的三摩地門和陀羅尼門降下無量無邊的法雨，故稱為法雲地。

辛六 得地之兆相

彌勒菩薩先以兩頌說明每地菩薩共同具有十種徵兆。

二十七　明信及無劣，無怯亦無待，

登初後，十地菩薩全都具足下列十種吉祥特徵：一、

明信：除了修行時每階段都有明量顯現，對往後修行更增信心。二、無劣：即使聽聞甚深教法亦不驚慌。三、無怯：即使面對難行路途也不厭退。四、無待：有足夠福智，不需他緣，自能成辦每個階段的修行。

二十八　通達及平等，離偏亦離著，
　　　　及以知方便，亦在聖眾生，
　　　　如此十種相，地地皆圓滿。

　　五、通達：菩薩能掌握如何進入下一個修行階位的善巧方法。六、平等：明白自他平等，不會追求個人解脫。七、離偏：不為世間利衰、稱譏、毀譽、苦樂所動搖而令內心生高下。八、離著：即使得到轉輪王位也不貪著，志求出家。九、知方便：恪守無所得這個便利方法去修行。十、聖眾生：恆時出生於諸佛家族，成為佛的眷屬。

二十九　有欲無六障，其次無亂慧，
　　　　不漂亦不回，事友及供養，

　　十地菩薩在各地中成就十度的十六種功德：一、有欲樂：不會喪失行持十度的意樂；二、無慳：遠離佈施度的障礙；三、無違：遠離持戒度的障礙；四、無恚：遠離安

忍度的障礙；五、無憪：遠離精進度的障礙；六、慈悲：
遠離禪定度的障礙；七、無惡慧：遠離智慧度的障礙；
八、無亂慧：有方便度，不會被退墮二乘的想法打亂；
九、不漂：不為安樂事情麻醉；十、不回：不會因痛苦
和困難所折伏；十一、事友：依善知識積極學習佛法；
十二、供養：供養三寶。

三十　迴向將生勝，修善與戲通，
　　　　功德藏如是，佛子十六相。

　　十三、迴向：達成無上菩提的善巧方便，是將所有功
德迴向。十四、生勝：常願受生於善趣佛地。十五、修
善：降伏魔力後能無間斷地修諸善根。十六、戲通：具足
三摩地門和陀羅尼門，變化神通，成為眾中上首，堪為功
德寶藏。

　　接著，彌勒菩薩提及菩薩在十地修行止觀時所得功
德。

三十一　地地升進時，度度有五德，
　　　　　二及二及一，應知止觀俱。

菩薩於每一地修每一度時，所修寂止和勝觀都獲得五種功德。哪五種功德呢？寂止的功德有兩種：斷除習氣和得到身心輕安；勝觀的功德亦有兩種：圓明和見相，前者能看出空性中任何一處都是不可分割的；後者憑著無分別令清淨相生起。而寂止和勝觀共同的功德是地地增勝，到第十地時圓滿及最後清淨佛法身。

如前〈教授品〉頌二十云：「念念融諸習，身猗及心猗，圓明與見相；滿淨諸法身。」世親菩薩於該頌論釋云：「圓明者，圓解一切種空離分數故；見相者，見無分別相為後清淨因故。滿淨諸法身者，為滿為淨一切種法身。」修行人到十地時，止觀福智功德圓滿；到佛地時，由止觀所得的福智作為法身的因。世親菩薩對本頌的解釋：「圓明者，遍知一切種不作分段故；相起者，由入大地無分別相生故。廣因者，為滿為淨一切種法身福聚智聚，攝令增長故。」意思是：修觀應以圓明和見相作為所緣境界：法界空明，渾然無相。

辛七 地之釋詞

接著，彌勒菩薩以七頌逐一解釋十地不同名稱的意義。

三十二　見真見利物，此處得歡喜；

初地菩薩因能體證人無我、法無我的真理，及掌握到自他平等利益眾生的方法，這是畢生未有過的快樂體驗，所以初地名為歡喜地；

三十三　出犯出異心，是名離垢地，
　　　　　　求法持法力，作明故名明。

第二地因離開毀犯和退失大乘心，所以稱為離垢地。第三地因有甚深三摩地力量，能為求法者帶來正法光明，所以稱為發光地。

三十四　惑障智障薪，能燒是焰慧；

第四地菩薩以如火焰的三十七菩提分法，盡焚如柴薪的煩惱障和所知障，所以稱為焰慧地；

三十五　難退有二種，能退故難勝；

第五地菩薩能戰勝眾生惱害別人和不聽聖賢教導的難

事，故稱為難勝地；

三十六　不住二法觀，恆現名現前；

第六地菩薩依仗般若波羅蜜多，不住輪迴或涅槃二邊，明量觀慧，恆現在前，故稱現前地；

三十七　離道鄰一道，遠去名遠行；
　　　　相想無相想，動無不動地；

第七地菩薩因快將遠離用力勤作修行，緊接進入第八地無相無功用的一行道，故稱遠行地；而第八地因不受有相想和無相有功用想所動搖，所以稱為不動地；

三十八　四辨智力巧，說善稱善慧；
　　　　二門如雲遍，雨法名法雲。

第九地菩薩因具四無礙解的能力，能無礙地一一解答人天的各種疑問，故稱善慧地；而第十地菩薩能於眾生阿賴耶識中，以雨雲般的三摩地門和陀羅尼門降下無量無邊的法雨，故稱為法雲地。

三十九　為集諸善根，樂住故說住；

菩薩善於腳踏實地逐步修行，由於每一地都為菩薩提供積集功德的機會，所以每一地都稱為住處。

四十　數數數無畏，復以地為名。

表面上，菩薩分成十地；但菩薩為了由一地升進至另一地，除了不斷地精進修行斷除障礙之外，同時更為了令眾生離開怖畏而力求向上進發不退失。

辛八 四種所得地

四十一　由信及由行，由達亦由成；
　　　　　應知諸菩薩，得地有四種。

信解大乘法義的修行階段，稱勝解得地；透過十法行趣入行得地；證悟真實法義，例如初地至第七地稱通達地；由於無分別智獲得成就，例如三淨地；故名成就得地。如是菩薩由信、行、通達和成就得入各種菩薩地道。

世親菩薩說：「諸菩薩於大乘法有十種正行：一、書

寫，二、供養，三、流傳，四、聽受，五、轉讀，六、教
他，七、習誦，八、解說，九、思擇，十、修習。」

四十二　諸度諸覺分，諸通及諸攝；
　　　　為大亦為小，俱入亦俱成。

此外，修行人以四種菩薩行達成各種地道功德：為求
無上菩提修波羅蜜多行，為求無餘涅槃修三十七道品；為
令不同根器眾生得入佛法修神通行；為令不同根器眾生成
熟佛法修攝生行。

世親菩薩說：「總說一切菩薩行不過四種。一、波羅
蜜行，二、菩提分行，三、神通行，四、攝生行。說波羅
蜜行為求大乘眾生，說菩提分行為求小乘眾生，說神通行
為令二種眾生得入佛法，說攝生行為令二種眾生成熟佛
法。」

應用思考問題

1. 真正的菩薩都有四種特徵，試依頌二十七、二十八說明。

2. 當資深菩薩例如三淨地菩薩大致完成十度修行，祂們因而具足十六種功德，試依頌二十九和三十說明。

3. 所有修行都可攝入止和觀二門，而彌勒菩薩尤重視止觀帶來的功德，如前〈教授品・頌二十〉和本品頌二十一都指出了止和觀的五種功德，試比較說明。

4. 試依頌三十二至三十六說明初地至第六地為何分別名為歡喜、離垢、發光、焰慧、難勝和現前地。

5. 由第七地修至第八地是菩薩修行一大轉捩點，前者修行仍要用力，猶如駕駛時踩油門給力一樣，要靠有相想和無相有功用想來修止觀；而第八地則因修成滅盡定，能以無相無功用來修行，故稱「一行道」；試依頌三十七說明何以第七地和第八地名為遠行和不動地。

6. 為何第九地和第十地分別名為善慧地和法雲地？試依頌三十八說明。

7. 為了說明菩薩都很安於按步就班，不為競勝，只求依循著佛陀解脫的經驗去修行，所以十地又稱為「樂住佛所學處」，試依頌三十九說明。

8. 其實十地都是依菩薩的斷證功德而假名安立，亦是無自性，試依頌四十說明。

9. 彌勒菩薩提出菩薩五位亦可依信、行、通達和成就，分成

勝解得地、十法行得地、通達得地和成就得地；試依頌
四十一說明。

10. 何謂「十法行」？試依《辨中邊論》說明。

《大乘莊嚴經論》第68講

在梵本《大乘莊嚴經論》中，〈敬佛品〉沒有另外獨立成一品；所以在頌數上是承接著與〈行住品〉合成六十一頌。藏文本則加上印度學者所寫的攝頌：「如是以彼力，如所化之緣，盡輪迴有際，彼莊嚴不斷」。成為第六十二頌，補充說明諸佛以法身形態，在虛空未盡，輪迴尚存的狀態下，仍然繼續化度有緣眾生。事實上，〈敬佛品〉內容是《大乘莊嚴經論》的一個總結，總結了修行人在修行道上最後的結局：祂的事業能以十力、四無畏摧邪伏魔；「方便及歸依，清淨與出離，於此破四誑，降魔我頂禮」！「於智亦於斷，於離亦於障；能說自他利，摧邪我頂禮」。佛果比二乘的辟支佛果和阿羅漢果更殊勝；「合心及離心，不離利益心，憐愍諸眾生，救世我頂禮」。「行住一切處，無非一切智，由斷一切習，實義我

頂禮」！祂是虛心聽話的徒眾完美的老師；「在眾極治罰，自無所護故，離二染正住，攝眾我頂禮」。祂是帶領眾生離苦得樂的救世主；「無功用無著，無礙恆寂靜，能釋一切疑，勝智我頂禮」！「三身大菩提，一切種得故，眾生諸處疑，能除我頂禮」。「無盡等功德，現在皆具足，世見眾亦見，不見人天等」。

自二〇一五年一月開始到現在二〇二一年三月，歷時六載共六十七講；我傳講的《大乘莊嚴經論》亦告一段落。大唐三藏波羅頗蜜多羅於唐高祖九年，在興善寺漢譯本論時，正值玄武門之變；而我傳講本論這六年間，世事更變幻莫測，遭遇處處險道。但無論怎樣，猶如純金在烈火中顯得價值彌珍；而我們亦將佛陀的中道教法在艱難待變、抉擇取捨的十字路上，反而發揮得淋漓盡致。

第二十四　敬佛品

梵本將〈行住品〉、〈敬佛品〉合二為一，故〈敬佛品〉頌數由四十三開始。

己四 讚歎佛果之功德：〈功德品〉

究竟的佛果比二乘的辟支佛果和阿羅漢果殊勝。

四十三　合心及離心，不離利益心，
　　　　　憐愍諸眾生，救世我頂禮。

頂禮佛陀四無量心！祂以慈悲喜捨拯救一切眾生。

世親菩薩說：「合心者是慈心，由與樂故；離心者是悲心，由拔苦故；不離心者是喜心，由恆悅故；利益心者是捨心，由無染故。」

四十四　一切障解脫，一切世間勝，
　　　　　一切處遍滿，心脫我頂禮。

頂禮佛陀！祢的心靈已完全自在；從煩惱障、所知障中得到解脫，能隨心所欲而自在地轉化任何事物，自在地遍知一切所知境！

四十五　能遮彼惑起，亦能害彼惑，
　　　　　染污諸眾生，悲者我頂禮！

頂禮佛陀心解脫！祢征服了所有煩惱眾生；能制止他

們不起煩惱，已起的煩惱亦能熄滅。

四十六　無功用無著，無礙恆寂靜，
　　　　能釋一切疑，勝智我頂禮！

　　頂禮佛陀五種勝智：一、任運自在生起；二、不雜染煩惱習氣；三、對一切事了知無礙；四、恆時入定不動搖；五、能以圓滿的智慧解釋眾生一切疑慮。這確實比二乘人殊勝！

四十七　所依及能依，於言及於智，
　　　　說者無礙慧，善說我頂禮！

　　頂禮佛陀四無礙智！祢辯才無礙，說法言若懸河；祢隨機自在說法，能遍十方。

　　世親菩薩說：「所說有兩種，一所依謂法，二能依謂義；說具有兩種——一方言二巧智；如來對此所說及說具，智慧常無礙，是故為勝。」

四十八　能去及能聞，知行知來去，
　　　　令彼得出離，教授我頂禮！

頂禮佛陀五神通！為了救度眾生，祢以神足通速達苦難眾生處，以天耳通聞聲救苦，以他心通知悉眾生所想，以宿命通知眾生輪迴因緣，以漏盡通教授眾生出離三界。

四十九　眾生若有見，知定是丈夫，
　　　　深起淨信心，方便我頂禮！

　　頂禮佛陀三十二相、八十種好！能令任何人見之，即知是聖人；這是令眾生生起淨信的便利方法。

五十　取捨住變化，定智得自在；
　　　　如此四清淨，世尊我頂禮！

　　頂禮佛陀身清淨、緣清淨、心清淨和智清淨！佛對何時住世捨壽均來去自如，具身清淨；佛隨意轉化任何境界，具緣清淨；佛於滅盡定中能自由出定入定，具心清淨；佛遍知一切無礙，具智清淨。

五十一　方便及歸依，清淨與出離；
　　　　於此破四誑，降魔我頂禮！

頂禮佛陀降伏魔誑的十力！以處非處智力摧破魔羅妄說受用五欲方便得生善道、不墮惡道之誑惑；以業異熟智力摧破魔羅妄說大自在天是皈依處之誑言；以禪定解脫三昧淨垢分別智力，摧破魔羅認為世間四禪八定就是唯一清淨的定境之誑言；以根上下智力、種種勝解智力、種種界智力、遍趣行智力、宿命智力、生死智力和漏盡智力，摧破魔羅妄說唯有小乘道果才能出離之誑言。

五十二　於智亦於斷，於斷亦於障；
　　　　　能說自他利，摧邪我頂禮！

頂禮佛陀撥正外道誹謗之四無所畏！佛以說一切智無所畏，糾正外道對佛不具一切智之誹謗；佛以說漏盡無所畏，糾正外道對佛未盡一切漏之誹謗；佛以說盡苦道無所畏，摧破外道對佛法不能盡苦之誹謗；佛以說障道無所畏，摧破外道對佛不能對治惑業之誹謗。

五十三　在眾極治罰，自無所護故；
　　　　　離二染正住，攝眾我頂禮！

頂禮佛陀攝眾的功德！如來是完全純淨者，不需覆藏任何罪過；所以在徒眾中獎罰分明。如來遠離喜憂二種雜

染而時刻住於正知正念。因為佛陀具備這兩種功德,所以能攝受一切徒眾。

五十四 行住一切處,無非一切智;
由斷一切習,實義我頂禮!

頂禮佛陀全知者!由於如來已斷一切煩惱習氣,所以無論何時何地,無論行住坐臥,都因祂的全知全能而沒有絲毫的迷亂行。

五十五 利益眾生事,隨時不過時;
所作恆無謬,不忘我頂禮!

頂禮佛陀不忘失利生事業!從初發心至究竟成佛,祂從不浪費時間去做不能利益眾生的事。

五十六 晝夜六時觀,一切眾生界,
大悲具足故,利意我頂禮!

頂禮佛陀的善意!祢晝夜無休止地觀察眾生,隨時利益他們。

五十七　由行及由得，由智及由業；
　　　　於一切二乘，最上我頂禮！

　　頂禮佛陀十八不共法！令佛在修行、體證、智慧和事業上，都較阿羅漢和辟支佛為勝。

五十八　三身大菩提，一切種得故；
　　　　眾生諸處疑，能除我頂禮！

　　頂禮佛陀為眾生斷除一切疑惑！透過成就法、報、化三身，祢獲得一切相智，能為所有眾生斷疑。

五十九　無著及無過，無穢亦無受，
　　　　無動無戲論；清淨我頂禮！

　　頂禮佛陀圓淨六度！祢對資財受用已無貪著，身語意已清淨無過失，不受世間苦樂八法困擾故無穢，不住生死、不住涅槃故無受，恆常等持三摩地故無動，成熟無漏無分別智故無戲論。

　　接著，彌勒菩薩從體、因、果、業、相應和分別來描述佛的功德。

六十　成就第一義，出離一切地，
　　　於他得尊極，解脫諸眾生。

　　偉大的佛陀，祢以法界作為自性身，祢圓滿通過五道
十地的菩薩修行，祢成為世間最尊貴的怙主，祢的任務就
是解脫眾生！

六十一　無盡等功德，現在皆具足，
　　　　世見眾亦見，不見人天等。

　　祢那些十力、四無畏、十八不共法的功德力量，何時
何地亦無窮盡地顯現；祢的化身眾皆可見，報身就只有登
地菩薩可見，而一切天人皆未能得見祢的法身。

　　《大乘莊嚴經論》清淨時說已究竟。

應用思考問題

1. 在解脫和所得智慧方面來說，佛果較二乘殊勝；試依頌四十六和四十七說明。

2. 佛陀怎樣以五神通救護眾生？試依頌四十八說明。

3. 佛陀有四種清淨，試依頌五十說明。

4. 佛陀以十力對治魔羅的四諂，試依頌五十一說明。

5. 佛陀以四無所畏摧伏外道的誹謗，試依頌五十二說明。

6. 佛陀是弟子們的好老師，試依頌五十三說明。

7. 佛較二乘人的功德殊勝，其中有十八不共法，試依頌五十七說明。

8. 佛陀有三身，其中化身，凡夫可見；報身，則只有登地菩薩可見；而法身哩，就連天人亦不能見；試依頌五十八和六十一說明。

9. 佛圓淨六度修行，各有何功德？

10. 試以體、因、果、業、相應和分別這六門來描述佛果的功德。

國家圖書館出版品預行編目資料

無上菩提正行道：《大乘莊嚴經論》解說. 下 / 金剛上師 卓格多
傑傳講. -- 初版. -- 新北市：華夏出版有限公司, 2022.07
　　面；　　公分. - -（Sunny文庫；230）
ISBN 978-626-7134-09-2（平裝）
1. CST: 瑜伽部

222.13　　　　　　　　　　　　　　　　111003539

Sunny 文庫　230

無上菩提正行道：《大乘莊嚴經論》解說（下冊）

傳　　講　金剛上師 卓格多傑
印　　刷　百通科技股份有限公司
　　　　　電話：02-86926066　傳眞：02-86926016
出　　版　華夏出版有限公司
　　　　　220 新北市板橋區縣民大道 3 段 93 巷 30 弄 25 號 1 樓
　　　　　電話：02-32343788　傳眞：02-22234544
E - m a i l　pftwsdom@ms7.hinet.net
總 經 銷　貿騰發賣股份有限公司
　　　　　新北市 235 中和區立德街 136 號 6 樓
　　　　　電話：02-82275988　傳眞：02-82275989
　　　　　網址：www.namode.com
版　　次　2022年7月初版一刷
特　　價　新台幣 550 元　　（缺頁或破損的書，請寄回更換）

ISBN-13：978-626-7134-09-2
《無上菩提正行道》由金剛上師 卓格多傑同意華夏出版有限公司
出版繁體字版
尊重智慧財產權・未經同意，請勿翻印 (Printed in Taiwan)